YCT

标准教程 活动手册 6
STANDARD COURSE ACTIVITY BOOK

主编　苏英霞　　　编者　宋海燕　金飞飞
Lead Author Su Yingxia　　Authors Song Haiyan Jin Feifei

高等教育出版社·北京

目录 Contents

Lesson 1 我属猴。
I was born in the year of the monkey. 1

Lesson 2 他数学好极了。
He's really good at math. 7

Lesson 3 小鸟正在唱歌。
The little birds are singing. 14

Lesson 4 你打扫一下房间好吗？
Can you clean the room please? 19

Lesson 5 你太马虎了！
You are so careless! 23

Lesson 6 你表演什么？
What role did you play? 30

Lesson 7 他们不是双胞胎。
They are not twins. 35

Lesson 8 小鱼被小猫吃了。
The little fish was eaten by the kitten. 41

Lesson 9 他家搬到动物园附近了。
He moved house, near the zoo. 47

Lesson 10 月亮离我们多远？
How far is the moon from us? 52

Lesson 11 我用帽子换你的盘子。
Let me swap my hat for your plate. 57

Lesson 12 以后要注意。
Be more careful in the future. 62

Lesson 13 我爱吃辣的。
I like spicy food. 68

Lesson 14 有的熊猫一直睡觉。
Some pandas slept all the time. 73

参考答案 Answers 79

剪 贴 页 Cut and paste 81

Lesson 1

我属猴。
I was born in the year of the monkey.

❶ 读一读，圈一圈。 Read and circle.

读词语，圈出每组中声调不同的词语。Read the words and circle the one with a different tone from the others.

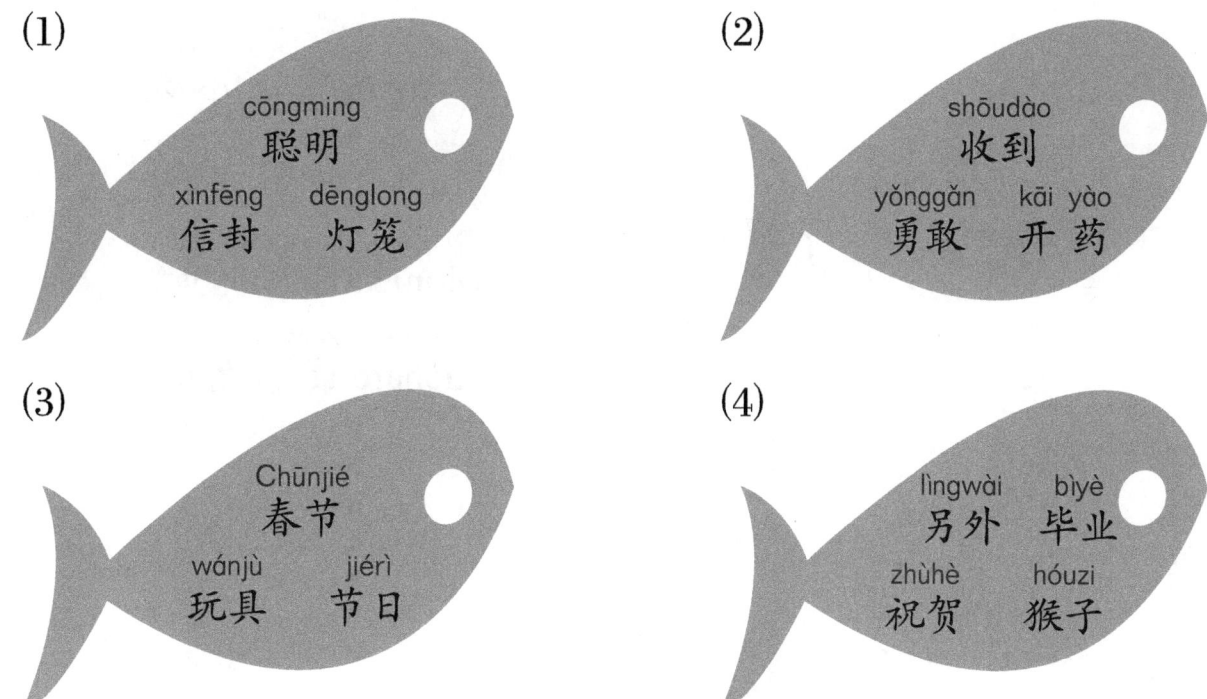

(1) cōngming 聪明 / xìnfēng 信封 / dēnglong 灯笼

(2) shōudào 收到 / yǒnggǎn 勇敢 / kāi yào 开药

(3) Chūnjié 春节 / wánjù 玩具 / jiérì 节日

(4) lìngwài 另外 / bìyè 毕业 / zhùhè 祝贺 / hóuzi 猴子

❷ 学一学，写一写。 Learn and write.

(1) 数一数。Count. Use your index finger to trace the strokes of the character below, and count how many strokes it has.

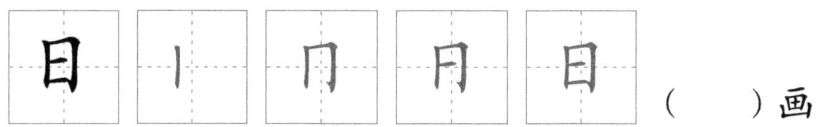

（　）画

(2) 写一写。Write. Trace the character and then write it in the blank box.

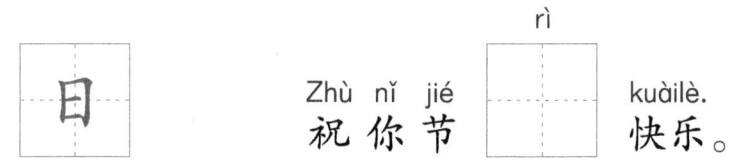

Zhù nǐ jié rì kuàilè.
祝你节 ☐ 快乐。

3 自行车链条游戏。Bicycle chain game.

学生站成两排，面对面练习对话。老师说"换"时，学生向右移动位置，继续问新的同伴问题。每人需要移动3次，问3个不同的同伴。然后向大家报告你的结果。Students stand in two lines and make the dialogue face to face. The teacher says "change", and students take one step to the right and continue to make a dialogue with the new partner. Everyone should move 3 times and ask 3 different partners. Then report your result to everyone.

> Nǐ zuì xǐhuan shénme dòngwù?
> 你最喜欢什么动物？

> Wǒ zuì xǐhuan xiǎo gǒu,
> 我最喜欢小狗，
> Tony zuì xǐhuan xiǎo māo,
> Tony 最喜欢小猫，
> Monica zuì xǐhuan yú,
> Monica 最喜欢鱼，
> Richard zuì xǐhuan xiǎo tù.
> Richard 最喜欢小兔。

> Wǒ zuì xǐhuan xiǎo māo.
> 我最喜欢小猫。

我属猴。
I was born in the year of the monkey.

1

4 说一说，猜一猜。Talk and guess.

观察班里同学今天的穿着，用下列句式描述一个同学的穿着，请其他同学猜你说的是谁。Observe what the students in class are wearing today, using the following sentence pattern to describe what one classmate is wearing, then ask the other students to guess which student is talked about.

- 他/她 今天 穿着 _____色（和_____色）的 _____（衣服）。
  Tā / tā jīntiān chuānzhe ___ sè (hé ___ sè) de ___ (yīfu).

- 他/她 今天 穿着 _____色 的 鞋。
  Tā / tā jīntiān chuānzhe ___ sè de xié.

她今天 穿着白色的裙子。
Tā jīntiān chuānzhe báisè de qúnzi.

是 Mary。
Shì Mary.

3

5 贴一贴，读一读。Paste and read.

根据图片选择第81页的短语，剪下来贴在相应的位置，然后读一读。Choose the correct phrase on Page 81 according to the picture, cut it out and paste it, then read the sentence aloud.

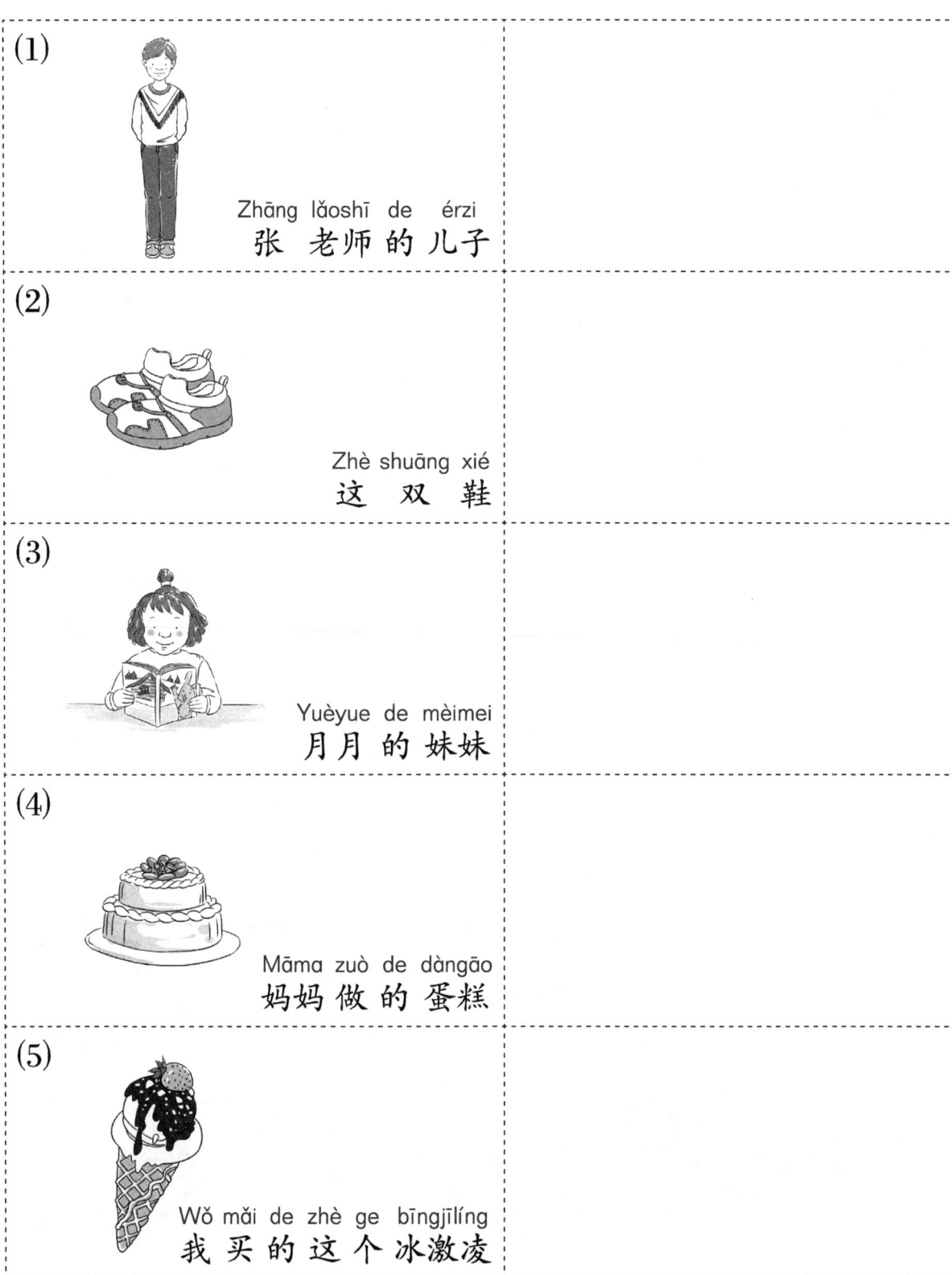

(1) Zhāng lǎoshī de érzi
张 老师 的 儿子

(2) Zhè shuāng xié
这 双 鞋

(3) Yuèyue de mèimei
月月 的 妹妹

(4) Māma zuò de dàngāo
妈妈 做 的 蛋糕

(5) Wǒ mǎi de zhè ge bīngjīlíng
我 买 的 这 个 冰激凌

我属猴。
I was born in the year of the monkey.

1

6 小调查：属相。 Survey: Zodiac sign.

查阅下面的生肖年份表，找出自己的属相。然后做一个班级调查，每人说说自己的属相，统计全班哪个属相最多、哪个最少。Check the Zodiac Year Table below, and find your zodiac sign, then conduct a class survey. Each person should say their sign. Count which zodiac sign has the most people, and which has the least.

shǔ 鼠	niú 牛	hǔ 虎	tù 兔	lóng 龙	shé 蛇	mǎ 马	yáng 羊	hóu 猴	jī 鸡	gǒu 狗	zhū 猪
1996	1997	1998	1999	2000	2001	2002	2003	2004	2005	2006	2007
2008	2009	2010	2011	2012	2013	2014	2015	2016	2017	2018	2019
2020	2021	2022	2023	2024	2025	2026	2027	2028	2029	2030	2031
2032	2033	2034	2035	2036	2037	2038	2039	2040	2041	2042	2043

	鼠	牛	虎	兔	龙	蛇	马	羊	猴	鸡	狗	猪
Tally Marks												
Total												
zuì duō 最多												
zuì shǎo 最少												

Wǒmen bān shǔ _____ de tóngxué zuì duō, shǔ _____ de tóngxué zuì shǎo.
我们班属____的同学最多，属____的同学最少。

7 问一问，写一写。Ask and write.

用活动6的表格帮3个家庭成员查一查他们的属相，写在下面。Use the table from activity 6 to help three family members find their zodiac signs, then write their answers below.

Wǒ _____ shǔ _____。
我 _____ 属 _____。

Wǒ _____ shǔ _____。
我 _____ 属 _____。

Wǒ _____ shǔ _____。
我 _____ 属 _____。

8 读一读，画一画。Read and draw.

这是明明的房间，读一读，画出来。This is Mingming's room. Read the paragraph, then draw his room.

Wǒ de fángjiān yǒu yí ge hěn dà
我的房间有一个很大
de chuānghu, chuānghu shang guàzhe
的窗户，窗户上挂着
yí ge dēnglong. Chuānghu xiàbian
一个灯笼。窗户下边
fàngzhe yí ge shāfā. Shāfā qiánbian
放着一个沙发。沙发前边
fàngzhe yì zhāng chuáng, chuáng
放着一张床，床
shang fàngzhe wǒ de wánjù hóuzi.
上放着我的玩具猴子。
Ménkǒu fàngzhe yì zhāng zhuōzi hé yì
门口放着一张桌子和一
bǎ yǐzi, zhuōzi shang fàngzhe wǒ
把椅子，桌子上放着我
de shūbāo hé yí ge xìnfēng, yǐzi
的书包和一个信封，椅子
xià fàngzhe wǒ de zúqiú.
下放着我的足球。

6

Lesson 2

他数学好极了。
He's really good at math.

1 读一读，圈一圈。Read and circle.

圈出每组中韵母相同的汉字，然后比较每组拼音的不同。Circle the characters with the same final in each group. Compare the differences of each group of *Pinyin*.

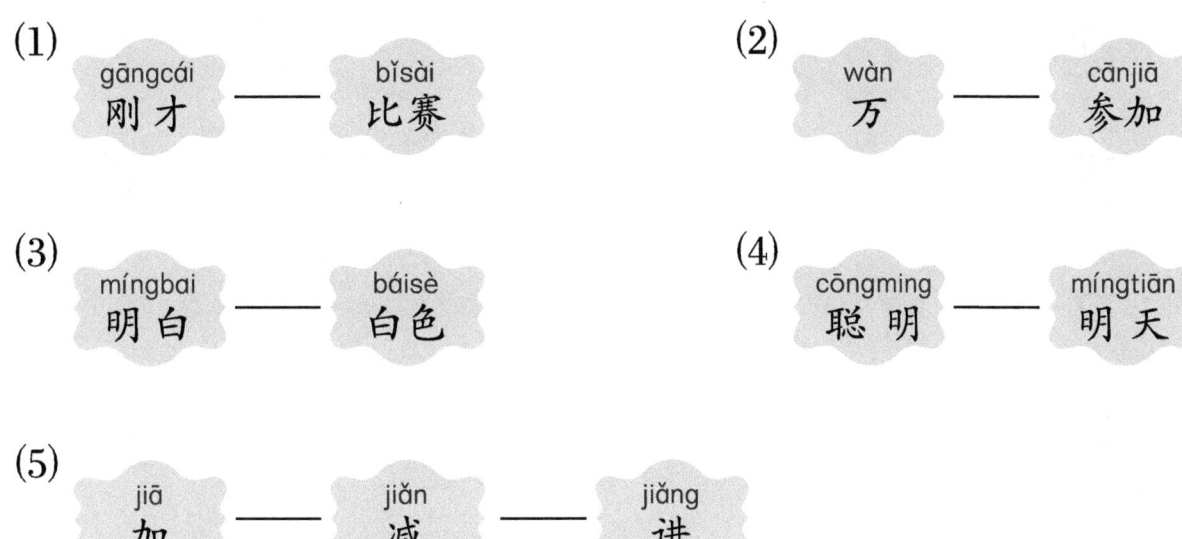

2 学一学，写一写。Learn and write.

(1) 数一数。Count. Use your index finger to trace the strokes of the character below, and count how many strokes it has.

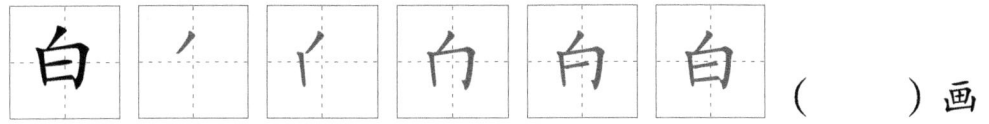 （　　）画

(2) 写一写。Write. Trace the character and then write it in the blank box.

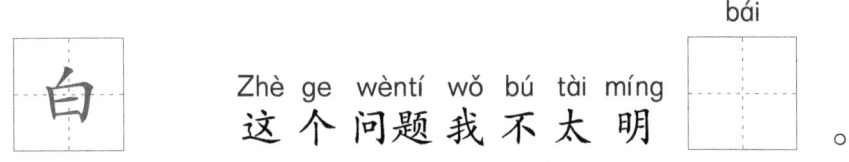

7

3 数一数，算一算。Count and add.

先数一数下列汉字的笔画数，然后计算不同汉字组合的总笔画数。First, count the number of strokes for each character, then add up the numbers of different combinations of characters' strokes.

字	笔顺	笔画数
学	丶 丶 ⺌ ⺍ 兴 学 学 学	（　）画
这	丶 一 亍 文 込 这	（　）画
买	一 ㄱ 乛 三 买 买	（　）画
口	丨 冂 口	（　）画
问	丶 丨 门 门 问 问	（　）画
走	一 十 土 キ キ 走 走	（　）画
后	丿 厂 厂 斤 后 后	（　）画
天	一 二 于 天	（　）画
看	丿 二 三 手 弄 看 看 看 看	（　）画

(1) 天+买+问 = ___4+6+6___ = （ 16 ）画

(2) 学+问+天 = _____ = （　）画

(3) 这+走−后 = _____ = （　）画

(4) 看−买−口 = _____ = （　）画

(5) 问−天+走 = _____ = （　）画

他数学好极了。 2
He's really good at math.

4 算一算，填一填。Calculate and fill.

先算出每个字的密码，然后根据密码填字组句子。First, calculate the code for each character, then fill in the sentences based on the code.

1+3= __4__ =我　　2+4= __6__ =极　　5+5= __10__ =汉

10+1= __11__ =哥　　4+5= __9__ =了　　2+6= __8__ =语

10-9= __1__ =姐　　10-5= __5__ =体　　9-2= __7__ =数

3-1= __2__ =好　　6-3= __3__ =育　　10+2= __12__ =学

(1) __我__ __数__ __学__ __好__ __极__ __了__ 。
　　 4　 7　 12　 2　 6　 9

(2) __我__ __哥__ __哥__ __体__ __育__ __好__ __极__ __了__ 。
　　 4　 11　 11　 5　 3　 2　 6　 9

(3) __我__ __姐__ __姐__ __汉__ __语__ __好__ __极__ __了__ 。
　　 4　 1　 1　 10　 8　 2　 6　 9

5 学一学，说一说。Learn and talk.

先一起学一学怎么用汉语说不同的课程名称，然后根据示例和你旁边的同学说一说。First, let's learn how to use Chinese to talk about different subjects, then follow the example and talk about them with the classmate next to you.

体育		tǐyù	physical education
数学		shùxué	math
音乐		yīnyuè	music
美术		měishù	art
社会		shèhuì	social studies

Nǐ xǐhuan shénme kè?
你喜欢什么课？
Nǐ shénme hǎo jíle?
你什么好极了？

Wǒ xǐhuan měishù kè,
我喜欢美术课，
Wǒ měishù hǎo jíle.
我美术好极了。

他数学好极了。
He's really good at math.

2

6 看图说话。 Look and talk.

两人或三人一组，用骰子选择数字，然后仿照例句描述数字对应的图片。Work in groups of 2 or 3 students. Use a dice to select a number, then follow the example to describe the pictures that correspond to the selected numbers.

例：<u>他 骑 自行车 骑</u> 得 好 极 了。
　　Tā qí zìxíngchē qí de hǎo jíle.

1. chànggē 唱歌
2. zuò dàngāo 做 蛋糕
3. tiàowǔ 跳舞
4. yóuyǒng 游泳
5. huà huà 画画
6. dǎ pīngpāngqiú 打 乒乓球

11

7 画一画，写一写。Draw and write.

问一问自己和朋友或兄弟姐妹，然后画出来，写出来。Ask yourself and a friend, or a sibling the following questions, then draw and write it out.

> Nǐ xǐhuan shénme? Nǐ shénme hǎo jíle?
> 你喜欢什么？你什么好极了？
> Nǐ xīwàng jiānglái cānjiā shénme bǐsài?
> 你希望将来参加什么比赛？

Wǒ xǐhuan
我喜欢_____。

Wǒ _____ hǎo jíle.
我_____好极了。

Wǒ xīwàng cānjiā _____ bǐsài.
我希望参加_____比赛。

_____ xǐhuan _____。
_____ 喜欢_____。

Tā / tā _____ hǎo jíle.
他/她_____好极了。

Tā / tā xīwàng cānjiā _____ bǐsài.
他/她希望参加_____比赛。

他数学好极了。
He's really good at math.

8 贴一贴，读一读。Paste and read.

根据图片，在第81页选择问句和答句组成对话，剪下来贴在对应的图片旁边，然后和同伴一起读一读。Based on each picture, create a question-and-answer dialogue using the sentences on Page 81, cut them out and paste them next to the pictures, then read them with a partner.

(1)

(2)

(3)

(4)

(5)

Lesson 3 小鸟正在唱歌。
The little birds are singing.

1 读一读，圈一圈。Read and circle.

读每组韵母，想一想有什么不同，然后圈出加点字的韵母并读一读。Read each group of finals, and think about what is different, then circle the final in the dotted character's *Pinyin* and read aloud.

(1) in–ing

(2) an–üan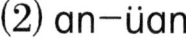

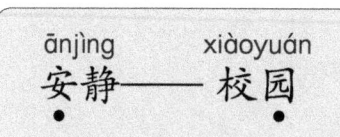

(3) ang–iang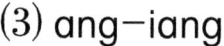

(4) an–ian

(5) ao–iao

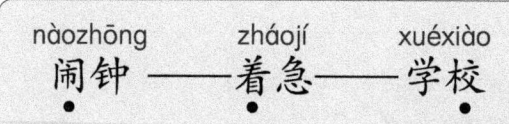

2 学一学，写一写。Learn and write.

(1) 数一数。Count. Use your index finger to trace the strokes of the character below, and count how many strokes it has.

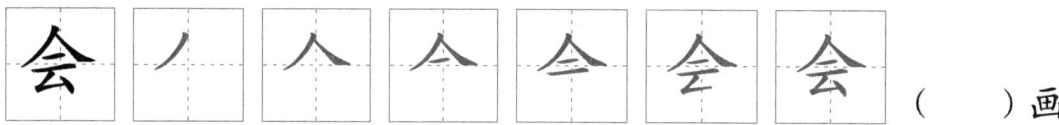 （　）画

(2) 写一写。Write. Trace the character and then write it in the blank box.

小鸟正在唱歌。
The little birds are singing.

3

3 问一问，写一写。Ask and write.

两人一组，互相询问对方每天的日常安排，为同伴做一张日程表，先在钟表上画出时间，然后把时间写下来。Work in pairs. Ask about each other's daily schedule, and create a schedule for your partner. First, draw the time on the clocks, then write them down.

Nǐ jǐ diǎn ...?
你 几 点……？

Wǒ ... diǎn ....
我……点……。

rìchéngbiǎo
_____ 的 日程表（daily schedule）

qǐchuáng 起床	🕐	:
chī zǎofàn 吃 早饭	🕐	:
qù xuéxiào 去 学校	🕐	:
chī wǔfàn 吃 午饭	🕐	:
huí jiā 回家	🕐	:
chī wǎnfàn 吃 晚饭	🕐	:
shuìjiào 睡觉	🕐	:

4 Bingo游戏。Bingo.

把第83页的图片剪下来贴到Bingo图中，然后每个学生选一张图片表演出来，其他学生用"他/她正在……"描述这个学生的表演，并在自己的Bingo图中圈出这个活动，先连成一条线者获胜。Cut out the pictures on Page 83 and paste them to the bingo board, then every student selects a picture and acts it out. While one student is acting out his/her picture, the others say, "He/She is…" to describe what this student is doing, and circle the activity on your bingo board. The first one to finish a line is the winner.

> Tā / tā zhèngzài ….
> 他/她 正在……。

小鸟正在唱歌。
The little birds are singing.

3

5 说一说，想一想。Talk and think.

两人一组，先把第83页表示活动的词语剪下来，然后每人任意选出两个词语贴在下面组成句子，讨论一下能不能同时做这两件事。画一个笑脸表示"能"，画一个哭脸表示"不能"。Work in pairs. First, cut out the words and phrases on Page 83, then every student chooses two words at random and paste them down to form a sentence. Discuss whether or not if you can do these two things at once. Draw a smiley face to indicate "yes", and a crying face to indicate "no".

	wǒ 我
	yìbiān 一边
chīfàn 吃饭	
	yìbiān 一边
shuāyá 刷牙	
☹	

6 问一问，画一画。Ask and draw.

问家人或朋友下面两个问题，画出他们的答案，然后说一说。Ask a family member or a friend the two questions below, draw their responses, and then discuss.

> Zuótiān wǎnshang bā diǎn de shíhou, nǐ zhèngzài zuò shénme?
> 昨天 晚上 八点 的 时候，你 正在 做 什么？

Zuótiān wǎnshang bā diǎn,
昨天 晚上 八点，_____
zhèngzài
正在 _____。

Zuótiān wǎnshang bā diǎn,
昨天 晚上 八点，_____
zhèngzài
正在 _____。

> Nǐ jīngcháng yìbiān zuò shénme yìbiān zuò shénme?
> 你 经常 一边 做 什么 一边 做 什么？

jīngcháng yìbiān
_____ 经常 一边 _____
yìbiān
一边 _____。

jīngcháng yìbiān
_____ 经常 一边 _____
yìbiān
一边 _____。

Lesson 4 你打扫一下房间好吗?
Can you clean the room please?

1 标一标，分一分。Mark and divide.

给下列词语中的"一"标注声调，并按"一"的读音将下列词语归类。Mark the tone of "一" in each word, then according to the tones put the words into the corresponding box.

(1) yì tiān 一天
(2) yi gè 一个
(3) dì yī 第一
(4) yi xià 一下
(5) yi jīn 一斤
(6) yiqǐ 一起
(7) yigòng 一共
(8) yibiān 一边
(9) yi diǎnr 一点儿
(10) yi nián 一年
(11) yi suì 一岁
(12) Xīngqīyī 星期一

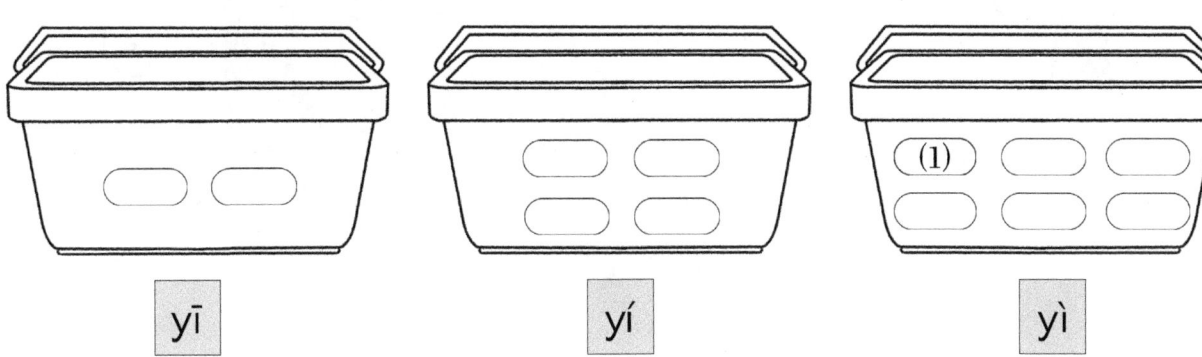

yī　　yí　　yì

2 学一学，写一写。Learn and write.

(1) 数一数。Count. Use your index finger to trace the strokes of the character below, and count how many strokes it has.

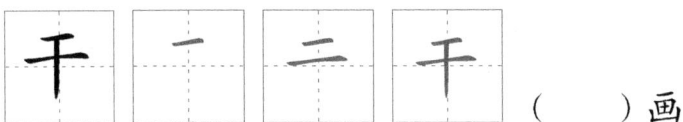

( ) 画

(2) 写一写。Write. Trace the character and then write it in the blank box.

gān

Fángjiān dǎsǎo　　　　jìng le.
房间 打扫　　　　　净 了。

3 找一找，读一读。Find and read.

每人手拿一张词语卡片，能组成一个短语的两个人站在一起，然后大声读出这个短语。Every student has a word card, then find your classmate who has the words that can make a phrase with the one you have and read the phrase aloud.

4 小猴子逛超市。The little monkey shopping in the supermarket.

请大家帮小猴子把词语和图片连起来，然后用汉语说一说。Please help the little monkey connect the following words and pictures, then say them in Chinese.

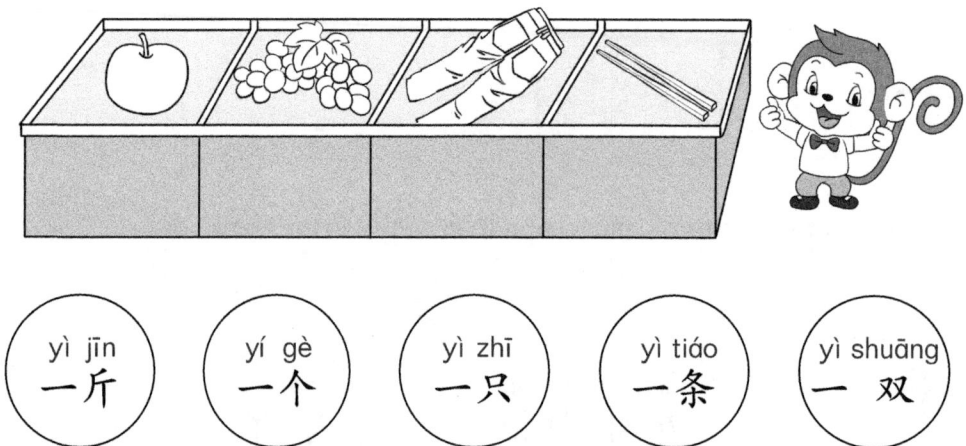

| yì jīn | yí gè | yì zhī | yì tiáo | yì shuāng |
| 一斤 | 一个 | 一只 | 一条 | 一双 |

你打扫一下房间好吗？
Can you clean the room please? 4

5 选一选，读一读。Choose and read.

根据图片选择句子，然后读一读。Choose the sentence for each picture, then read it aloud.

(1) (2) (3) (4) (5) (6)

A. Wǎnfàn zuòhǎo le.
晚饭 做好 了。

B. Zuòyè xiěwán le.
作业 写完 了。

C. Gēge chībǎo le.
哥哥 吃饱 了。

D. Pánzi xǐ gānjìng le.
盘子 洗 干净 了。

E. Xiǎo niǎo fēizǒu le.
小鸟 飞走 了。

F. Mèimei shuìzháo le.
妹妹 睡着 了。

6 唱反调。Devil's advocate.

根据图片，另一人用"还是"说出自己不同的想法。According to the pictures, use "还是" to say your opposite opinions.

Nǐ chī diǎnr shuǐguǒ ba.
你 吃 点儿 水果 吧。

Wǒ háishì chī qiǎokèlì ba.
我 还是 吃 巧克力 吧。

Wǒmen qù shāngdiàn ba.
我们 去 商店 吧。

Wǒmen zuò gōnggòng qìchē huíjiā ba.
我们 坐 公共 汽车 回家 吧。

Tài kě le, yǒu bīng shuǐ ma?
太 渴 了，有 冰 水 吗？

7 读一读，说一说。Read and talk.

这是小明18岁时的快乐生活，你18岁时的生活将是什么样的？仿照下文说一说。
This is Xiao Ming's happy life when he is 18 years old, and how will be your life when you are 18? Imitate the paragraph to talk about your life when you are 18.

Jīntiān Xīngqītiān, bú shàngkè, wǒ dǎsuan chūqu wánwan. Chīwán zǎofàn, wǒ jiù chūfā le.
今天 星期天，不 上课，我 打算 出去 玩玩。吃完 早饭，我 就 出发 了。

Wǒ xiān qù lóu xià kàn liúlàng māo Mīmī, dài qù le tā zuì xǐhuan chī de xiǎoyú. Mīmī chībǎo hòu jiù shuìzháo le. Ránhòu wǒ qù Liú āyí jiā zhàogù Xiǎolì, zhè shì wǒ měi ge Zhōurì shàngwǔ de gōngzuò.
我 先 去 楼下 看 流浪 猫 咪咪，带 去 了 它 最 喜欢 吃 的 小鱼。咪咪 吃饱 后 就 睡着 了。然后 我 去 刘 阿姨 家 照顾 小力，这 是 我 每个 周日 上午 的 工作。

Xiàwǔ, wǒ hé hǎo péngyou Mike yìqǐ qù kànle yì chǎng diànyǐng.
下午，我 和 好 朋友 Mike 一起 去 看了 一 场 电影。

Yàoshì měi tiān dōu shì Xīngqītiān, nà gāi duō hǎo a!
要是 每天 都 是 星期天，那 该 多 好 啊！

Lesson 5 你太马虎了!
You are so careless!

1 读一读，圈一圈。Read and circle.

读下列词语，把有轻声音节的词圈出来。Read the following words and circle the syllables that have neutral tones.

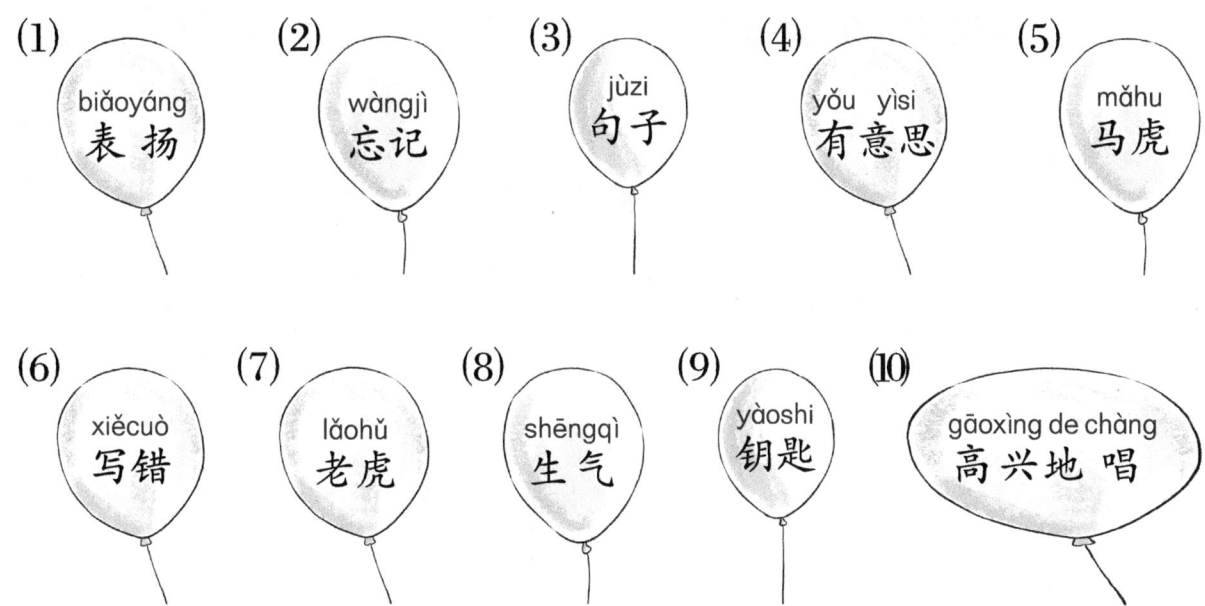

(1) biǎoyáng 表扬
(2) wàngjì 忘记
(3) jùzi 句子
(4) yǒu yìsi 有意思
(5) mǎhu 马虎
(6) xiěcuò 写错
(7) lǎohǔ 老虎
(8) shēngqì 生气
(9) yàoshi 钥匙
(10) gāoxìng de chàng 高兴地唱

2 学一学，写一写。Learn and write.

(1) 数一数。Count. Use your index finger to trace the strokes of the character below, and count how many strokes it has.

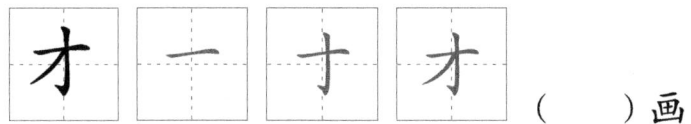

（　）画

(2) 写一写。Write. Trace the character and then write it in the blank box.

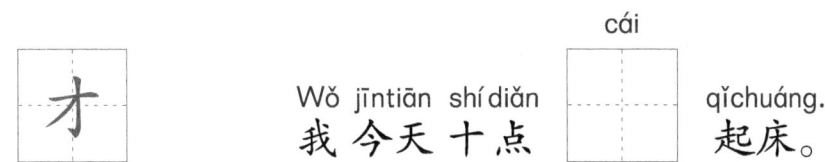

Wǒ jīntiān shí diǎn cái qǐchuáng.
我今天十点　才　起床。

3 听一听，圈一圈。Listen and circle.

先读下列词句，然后老师变换顺序再读一遍，按照老师读的顺序填写序号，并在表格中圈出来。First read the following phrases and sentences, then the teacher will change the order and read them again. Number them according to the order the teacher reads them, then circle them in the table below.

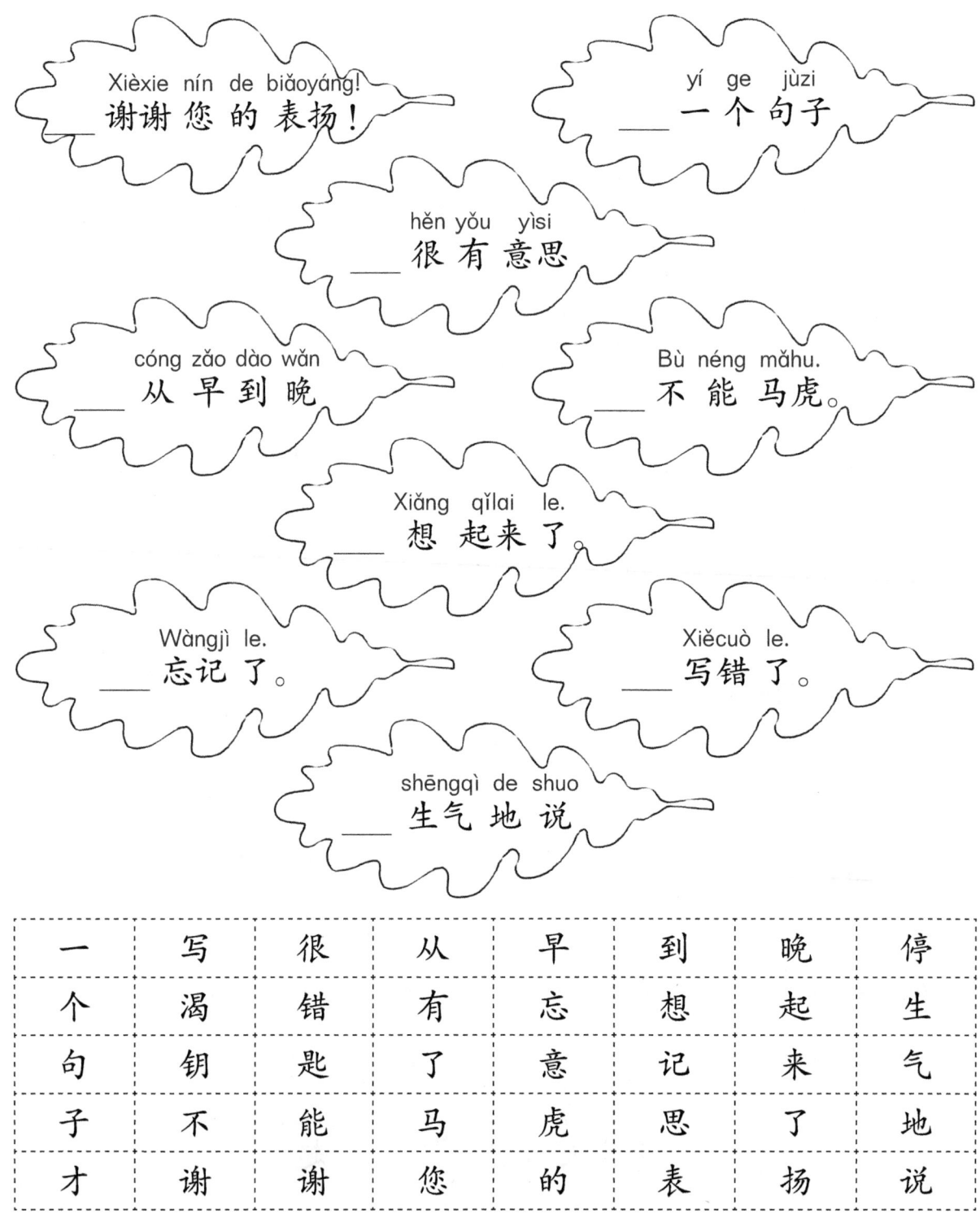

一	写	很	从	早	到	晚	停
个	渴	错	有	忘	想	起	生
句	钥	匙	了	意	记	来	气
子	不	能	马	虎	思	了	地
才	谢	谢	您	的	表	扬	说

5 你太马虎了！
You are so careless!

4 认一认，找一找。Identify and find.

两人一组，认读词语，找出其中的错别字，并圈出来。Work in pairs. Read the words, and find the wrong characters, then circle them.

喝水	hēshuǐ	drink water
饼干	bǐnggān	biscuit
分钟	fēnzhōng	minute
生活	shēnghuó	life

Nǎge zì xiěcuò le?
哪个 字 写错 了？

老师   老帅

Zhège zì xiěcuò le.
这个 字 写错 了。

(1)　饼千　　饼干

(2)　公钟　　分钟

(3)　生活　　生话

(4)　喝水　　渴水

5 填一填，读一读。Write and read.

先认一认下列汉字，再选择合适的字完成句子。First recognize the following Chinese characters, then choose the correct characters to complete the sentences.

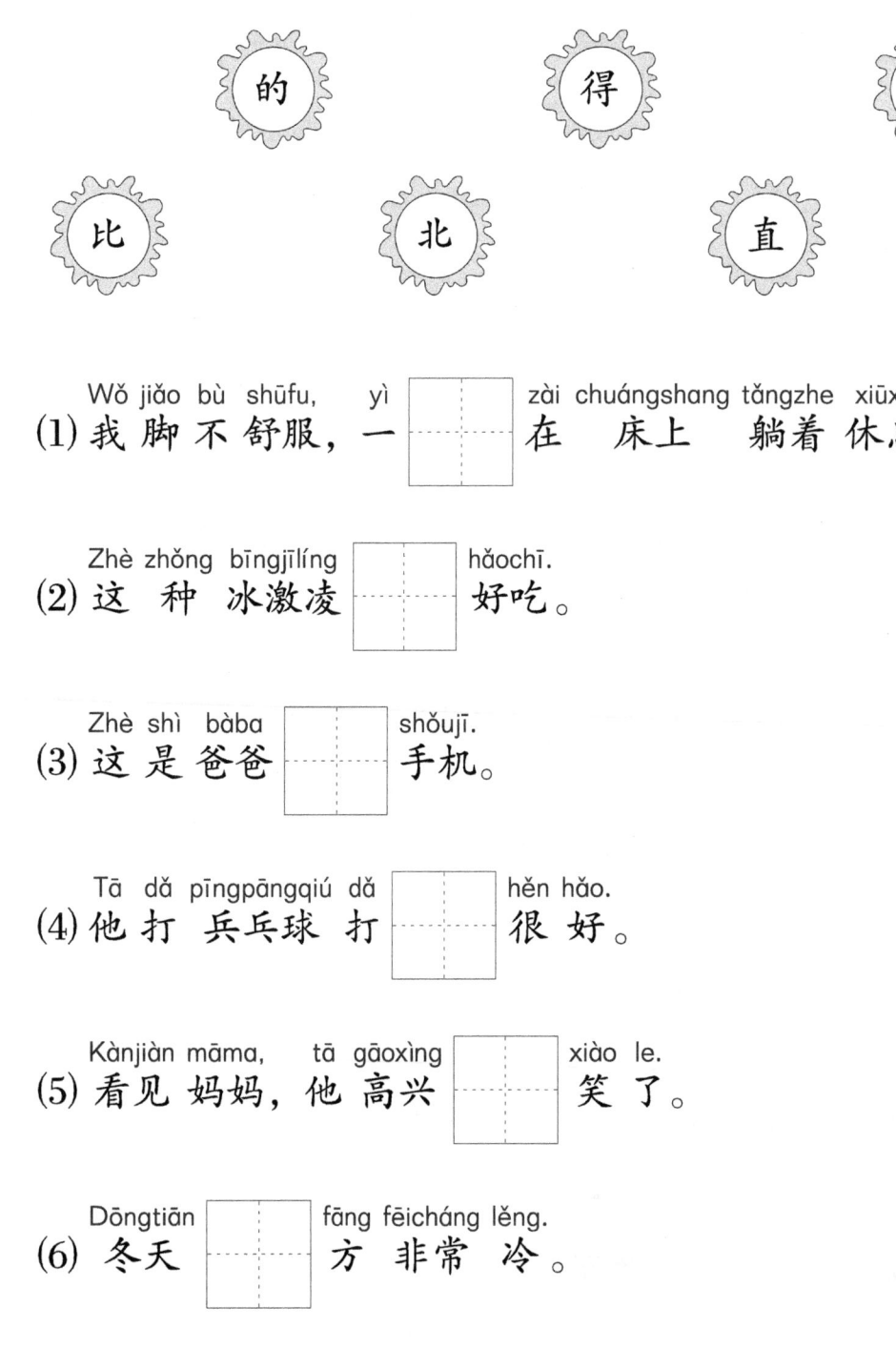

(1) Wǒ jiǎo bù shūfu, yì ☐ zài chuángshang tǎngzhe xiūxi.
    我 脚 不 舒服，一 ☐ 在 床上 躺着 休息。

(2) Zhè zhǒng bīngjīlíng ☐ hǎochī.
    这 种 冰激凌 ☐ 好吃。

(3) Zhè shì bàba ☐ shǒujī.
    这 是 爸爸 ☐ 手机。

(4) Tā dǎ pīngpāngqiú dǎ ☐ hěn hǎo.
    他 打 乒乓球 打 ☐ 很 好。

(5) Kànjiàn māma, tā gāoxìng ☐ xiào le.
    看见 妈妈，他 高兴 ☐ 笑 了。

(6) Dōngtiān ☐ fāng fēicháng lěng.
    冬天 ☐ 方 非常 冷。

(7) Jīntiān ☐ zuótiān rè.
    今天 ☐ 昨天 热。

你太马虎了！
You are so careless! 5

6 读一读，答一答。Read and answer.

一个学生说A句，其他学生根据意思用"就"或"才"完成B句并快速回答。One student reads sentence A, while the other students use "就" or "才" according to the meaning to complete sentence B and respond.

(1) A：爷爷今天起床很早。
　　Yéye jīntiān qǐchuáng hěn zǎo.
　B：爷爷今天6点 □ 起床了。
　　Yéye jīntiān liù diǎn □ qǐchuáng le.

(2) A：爸爸昨天睡得很晚。
　　Bàba zuótiān shuì de hěn wǎn.
　B：爸爸昨天11点 □ 睡觉。
　　Bàba zuótiān shíyī diǎn □ shuìjiào.

(3) A：我的学校很近。
　　Wǒ de xuéxiào hěn jìn.
　B：从我家到学校，走路10分钟 □ 到了。
　　Cóng wǒ jiā dào xuéxiào, zǒulù shí fēnzhōng □ dào le.

(4) A：月月跑得很慢。
　　Yuèyue pǎo de hěn màn.
　B：今天的跑步比赛，月月跑了10分钟 □ 到。
　　Jīntiān de pǎobù bǐsài, Yuèyue pǎole shí fēnzhōng □ dào.

(5) A：明明跑得很快。
　　Míngming pǎo de hěn kuài.
　B：今天的跑步比赛，明明跑了7分钟 □ 到了。
　　Jīntiān de pǎobù bǐsài, Míngming pǎole qī fēnzhōng □ dào le.

27

7 演一演，猜一猜。Act and guess.

一个学生面对其他学生，站在黑板前面，老师背对其他学生只向这个学生展示词语卡片，该学生表演词语的内容，其他学生猜猜他/她表演的是什么。One student stands in front of the blackboard and faces the other students. The teacher, with the back to the other students, reveals the card to the student standing in front of the blackboard. That student then acts out the phrase, while the other students guess what he/she is doing.

shēngqì de kū
生气地哭

shēngqì de shuō
生气地说

zháojí de pǎo
着急地跑

rènzhēn de xiě
认真地写

gāoxìng de xiào
高兴地笑

gāoxìng de shuō
高兴地说

kuàilè de pǎo
快乐地跑

mǎhu de xiě
马虎地写

你太马虎了!
You are so careless!

5

8 写一写，说一说。Write and talk.

回忆一次你做错事让爸爸或妈妈生气的情况，根据提示写一写，然后和大家说一说。Remember a time when you did something wrong that made your mom or your dad angry, write the key points according to the following clues, then talk about it with the group.

Shéi shēngqì le? Bàba hái shì māma? 谁 生气 了？爸爸 还是 妈妈？	Tā / tā wèi shénme shēngqì? 他 / 她 为 什么 生气？ Nǐ zuò cuò shénme le? 你 做错 什么 了？
Bàba / māma shēngqì de shíhou, 爸爸 / 妈妈 生气 的 时候， tā / tā shuōle shénme? Zuòle shénme? 他 / 她 说了 什么？做了 什么？	Bàba / māma shēngqì yǐhòu, 爸爸 / 妈妈 生气 以后， nǐ shuōle shénme? Zuòle shénme? 你 说了 什么？做了 什么？

Lesson 6 你表演什么？
What role did you play?

1 读一读，写一写。Read and write.

读下列词语，找出每行词语共有的韵母并写出来。Read the following phrases and find the common final in each group and write it down.

2 学一学，写一写。Learn and write.

(1) 数一数。Count. Use your index finger to trace the strokes of the character below, and count how many strokes it has.

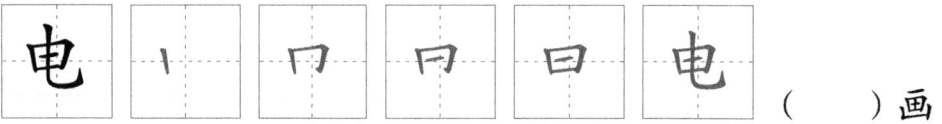

（　）画

(2) 写一写。Write. Trace the character and then write it in the blank box.

6 你表演什么?
What role did you play?

3 蹲起游戏。Squatting game.

学生站成一排，每人选择一种职业，玩蹲起游戏。Students stand and form a line. Every student selects an occupation, then start playing the Squatting game.

4 接龙游戏。Sequence game.

学生围成一圈，用"一……就……"接着前一个同学的话继续说。Students form a circle, and use "一……就……" to continue the previous student's sentence.

Wǒ yì huí jiā
我 一 回 家
jiù xǐshǒu.
就 洗 手。

Wǒ yì xǐwán shǒu
我 一 洗 完 手
jiù xiě zuòyè.
就 写 作 业。

Wǒ yì xiěwán zuòyè
我 一 写 完 作 业
jiù chūqù wán.
就 出 去 玩。

5 连一连，读一读。Match and read.

(1) Yuèyue yīnwèi shēngbìng,
月月 因为 生病，
• • yìbiān tiàowǔ.
一边 跳舞。

(2) Rúguǒ xià yǔ,
如果 下雨，
• • yòu piányi.
又 便宜。

(3) Gēge yì huí dào jiā,
哥哥 一 回 到 家，
• • jiù yídìng néng yǒu hǎo chéngjì.
就 一定 能 有 好 成绩。

(4) Jiějie néng yìbiān chànggē,
姐姐 能 一边 唱歌，
• • érqiě hěn shuài.
而且 很 帅。

(5) Zhèli de cài yòu hǎochī,
这里 的 菜 又 好吃，
• • jiù huí fángjiān shuìjiào le.
就 回 房间 睡觉 了。

(6) Dàwèi bùdàn zhǎng de hěn gāo,
大卫 不但 长 得 很 高，
• • suǒyǐ méi lái shàngkè.
所以 没 来 上课。

(7) Zhǐyào nǔlì xuéxí Hànyǔ,
只要 努力 学习 汉语，
• • zài chūqù wán.
再 出去 玩。

(8) Wǒ dǎsuàn xiān zuò zuòyè,
我 打算 先 做 作业，
• • wǒmen jiù bú qù Chángchéng le.
我们 就 不 去 长城 了。

你表演什么？
What role did you play? 6

6 小调查。Survey.

几人一组，根据下表做调查，然后在班级里汇报。Work in groups. Use the following table to conduct a survey, then report it to the class.

	tóngxué yī 同学1	tóngxué èr 同学2	tóngxué sān 同学3	tóngxué sì 同学4	tóngxué wǔ 同学5
Nǐ bàba 你爸爸 zuò shénme 做 什么 gōngzuò? 工作？					
Nǐ māma 你妈妈 zuò shénme 做 什么 gōngzuò? 工作？					
Nǐ xiǎng 你 想 zuò shénme 做 什么 gōngzuò? 工作？					

Zuì rèmén de　　　　　　　　zhíyè:
最 热门 的（hot/popular）职业：_____

Zhège zhíyè de yōudiǎn　　　　　　：
这个 职业 的 优点（advantages）：_____

33

7 画一画，写一写。Draw and write.

仿照例子，问一问你的朋友想做什么工作，写一写，并画出来。Ask your friends what they want to do in the future following the example. Then write down and draw.

(1)

Zhè shì Jiékè.　Tā xiǎng dāng jìzhě,
这是杰克。他 想 当 记者，
měi tiān gàosù rénmen zhòngyào xīnwén.
每 天 告诉 人们 重要 新闻。

(2)

Zhè shì ＿＿. Tā / tā xiǎng dāng ＿＿,
这是＿＿。他/她 想 当 ＿＿，
＿＿＿＿＿＿＿＿＿＿＿＿＿＿。

(3)

Zhè shì ＿＿. Tā / tā xiǎng dāng ＿＿,
这是＿＿。他/她 想 当 ＿＿，
＿＿＿＿＿＿＿＿＿＿＿＿＿＿。

(4)

Zhè shì ＿＿. Tā / tā xiǎng dāng ＿＿,
这是＿＿。他/她 想 当 ＿＿，
＿＿＿＿＿＿＿＿＿＿＿＿＿＿。

Lesson 7 他们不是双胞胎。
They are not twins.

1 读一读，选一选。Read and select.

读句子，选出加点字的正确读音。Read the sentences and select the correct pronunciation of the dotted character.

(1) 你喜欢蓝色还是白色？（hái, huán）
Nǐ xǐhuan lánsè shì báisè?

(2) 这本书是月月借给我的，我忘了还给她了。（hái, huán）
Zhè běn shū shì Yuèyue jiè gěi wǒ de, wǒ wàngle gěi tā le.

(3) 请问，去这个地方怎么走？（de, dì）
Qǐng wèn, qù zhège fāng zěnme zǒu?

(4) 看到我准备的礼物，妈妈高兴地笑了。（de, dì）
Kàndào wǒ zhǔnbèi de lǐwù, māma gāoxìng xiào le.

(5) 爷爷和奶奶很喜欢照相。（xiāng, xiàng）
Yéye hé nǎinai hěn xǐhuan zhào.

(6) 学汉语的时候，我们经常互相帮助。（xiāng, xiàng）
Xué Hànyǔ de shíhou, wǒmen jīngcháng hù bāngzhù.

(7) 那个穿着白裙子的女孩就是我妹妹。（zháo, zhe）
Nàge chuān bái qúnzi de nǚhái jiù shì wǒ mèimei.

(8) 别唱歌了，小弟弟睡着了。（zháo, zhe）
Bié chànggē le, xiǎo dìdi shuì le.

2 学一学，写一写。Learn and write.

(1) 数一数。Count. Use your index finger to trace the strokes of the character below, and count how many strokes it has.

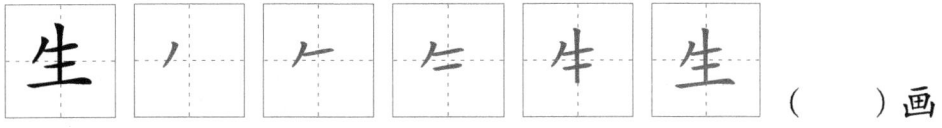

（　）画

(2) 写一写。Write. Trace the character and then write it in the blank box.

我爸爸是医 shēng 。
Wǒ bàba shì yī

3 读一读，涂一涂。Read and color.

找出句子并按要求涂颜色。Find the sentences, and highlight it using the color in the parenthesis.

(1) 绿色（green） Tā de liǎn yuányuán de. 他的脸圆圆的。

(2) 蓝色（blue） Tā hé bàba zhǎng de hěn xiàng. 他和爸爸长得很像。

(3) 红色（red） Tā yǒu yí ge shuāngbāotāi de dìdi. 他有一个双胞胎的弟弟。

(4) 黄色（yellow） Tāmen liǎ dōu xǐhuan xué Hànyǔ. 他们俩都喜欢学汉语。

(5) 粉色（pink） Tā yào qù huán zuótiān jiè de cídiǎn. 他要去还昨天借的词典。

(6) 紫色（purple） Zhè běn cídiǎn gòng yǒu sānbǎi yè. 这本词典共有三百页。

(7) 橙色（orange） Wèile duànliàn shēntǐ, māma měi tiān dōu qù pǎobù. 为了锻炼身体，妈妈每天都去跑步。

他	页	他	和	爸	爸	长	得
的	的	有	们	这	个	牌	很
脸	他	一	借	俩	双	胞	像
圆	要	个	为	还	都	胎	写
圆	去	双	了	妈	为	喜	着
的	还	胞	锻	妈	了	虽	欢
亮	昨	胎	炼	每	学	然	学
漂	天	的	身	天	汉	但	汉
很	借	弟	体	都	语	是	语
这	的	弟	俩	去	跑	步	像
本	词	典	共	有	三	百	页

7 他们不是双胞胎。
They are not twins.

4 选一选，做一做。Select and do.

3—5人一组，掷骰子选择对应数字的问题，按照问题的要求去做。Work in groups of 3 to 5 students. Use a dice to select one of the questions below, and do the activity according to the question's requirement.

1	Nǐmen bān nǎge tóngxué de liǎn yuányuán de? Shuōchū tā / tā de míngzi. 你们班哪个同学的脸圆圆的？说出他/她的名字。 Which of your classmates has a round face? Say his/her name.
2	Yòng Hànyǔ xiàng nǐ zuǒbian de tóngxué jiè yí ge dōngxi. 用汉语向你左边的同学借一个东西。 Use Chinese to borrow an item from the person on your left.
3	Shuōchū zhè běn shū yígòng yǒu duōshao yè. 说出这本书一共有多少页。 Say how much pages this book has in total.
4	Dúchū zhège páizi shang de Hànzì. 读出这个牌子上的汉字。 Read aloud the Chinese on this board. 
5	Yòng Hànyǔ xiàng nǐ yòubian de tóngxué jiè yì zhī bǐ. 用汉语向你右边的同学借一支笔。 Use Chinese to borrow a pen from the person on your right.
6	Shuōchū yí ge yuán de dōngxi. 说出一个圆的东西。 Say about something that is round.

5 读一读，画一画。Read and draw.

读关于红红的介绍，画出红红一家人。Read Honghong's introduction, then draw Honghong's family.

Wǒ jiào Hónghong. Wǒ yǒu yí ge jiějie, wǒ hé jiějie zhǎng de bù tài
我 叫 红红。我 有 一 个 姐姐，我 和 姐姐 长 得 不 太
xiàng. Wǒ de liǎn yuányuan de, jiějie de liǎn bǐ wǒ de cháng. Wǒ hé māma
像。我 的 脸 圆圆 的，姐姐 的 脸 比 我 的 长。我 和 妈妈
zhǎng de hěn xiàng, wǒmen dōu yǒu dàdà de yǎnjing. Jiějie hé bàba zhǎng
长 得 很 像，我们 都 有 大大 的 眼睛。姐姐 和 爸爸 长
de hěn xiàng, tāmen dōu yǒu gāogāo de bízi.
得 很 像，他们 都 有 高高 的 鼻子。

7 他们不是双胞胎。
They are not twins.

6 贴一贴，读一读。Paste and read.

根据图片，在第85页选择问句和答句组成对话，剪下来贴在对应的图片旁边，然后和同伴一起读一读。Based on each picture, create a question-and-answer dialogue using the sentences on Page 85, cut them out and paste them next to the pictures, then read them with a partner.

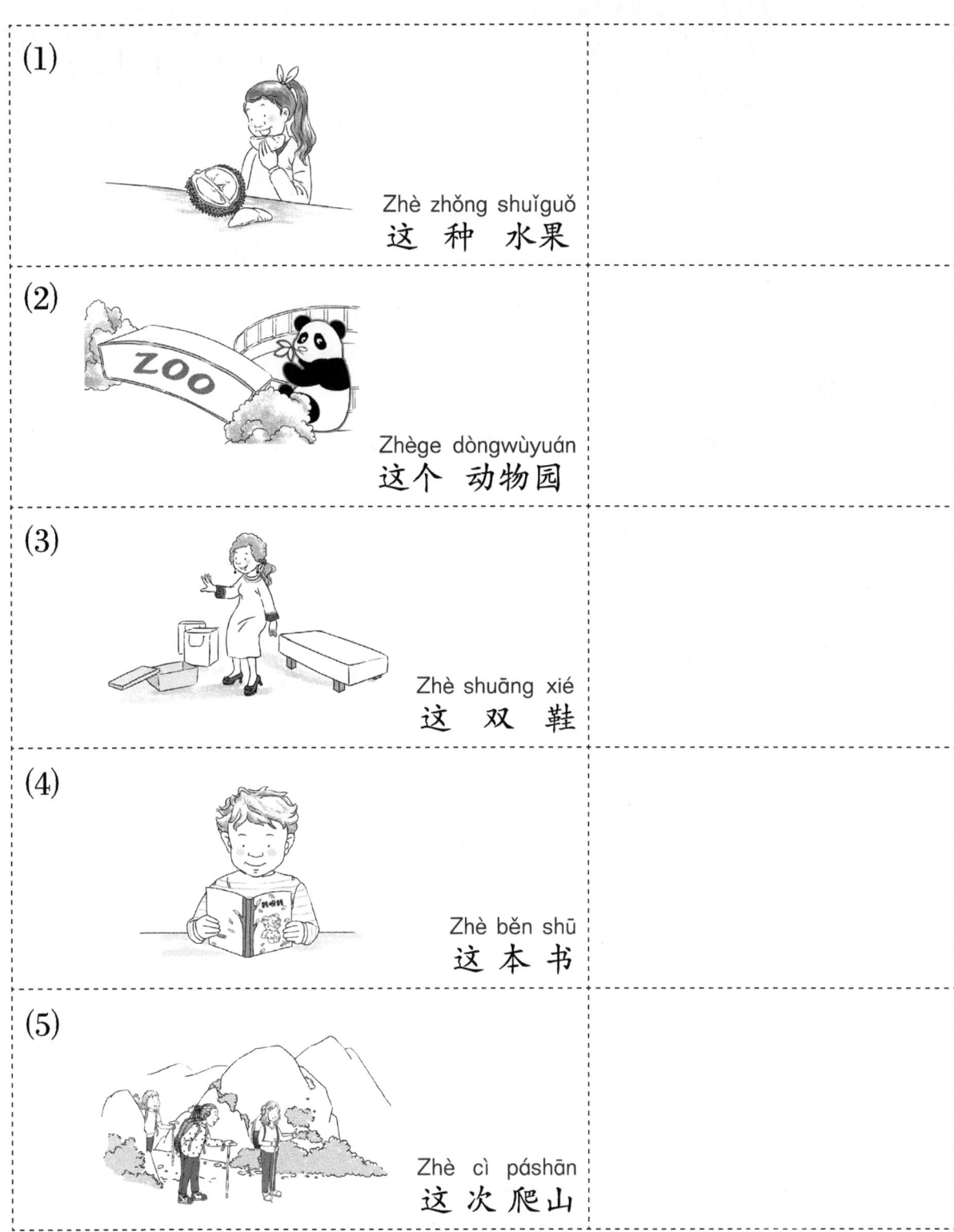

(1) Zhè zhǒng shuǐguǒ 这 种 水果

(2) Zhège dòngwùyuán 这个 动物园

(3) Zhè shuāng xié 这 双 鞋

(4) Zhè běn shū 这 本 书

(5) Zhè cì páshān 这次爬山

39

7 头脑风暴。Brainstorm.

3—5人一组，给下列朋友一些建议。Work in groups of 3 to 5 students. Give some advice to the following friends.

Wèile míngnián qù Zhōngguó lǚyóu, wǒ yīnggāi ...
为了明年去中国旅游，我应该……

Wèile duànliàn shēntǐ, wǒ yīnggāi ...
为了锻炼身体，我应该……

Wèile shǔjià cānjiā chànggē bǐsài, wǒ yīnggāi ...
为了暑假参加唱歌比赛，我应该……

8 说一说，写一写。Talk and write.

你觉得你跟谁长得比较像？贴一张你们俩的照片，然后说一说，写一写。Who do you think you look like? Paste a photo of the two of you, then talk and write about it.

Nǐ hé shéi zhǎng de hěn xiàng?
你和谁长得很像？
Nǐmen shénme dìfang zhǎng de hěn xiàng?
你们什么地方长得很像？

Wǒ hé _____ zhǎng de hěn xiàng. Wǒmen dōu yǒu _____ .
我和_____长得很像。我们都有_____。/
Wǒmen de _____ hěn xiàng, dōu shì _____ .
我们的_____很像，都是_____。

Lesson 8

小鱼被小猫吃了。
The little fish was eaten by the kitten.

1 读一读，圈一圈。Read and circle.

读拼音，圈出每组拼音中不同的部分。Read the *Pinyin* and circle the difference in *Pinyin* for each group.

(1)    (2)    (3)

(4) 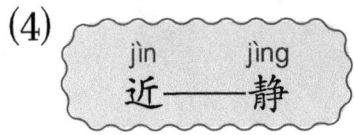   (5) 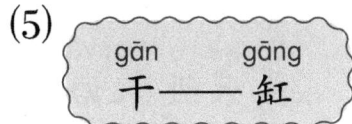   (6)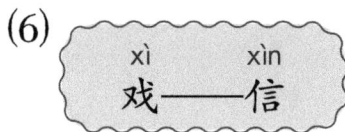

(7)    (8)    (9)

2 学一学，写一写。Learn and write.

(1) 数一数。Count. Use your index finger to trace the strokes of the character below, and count how many strokes it has.

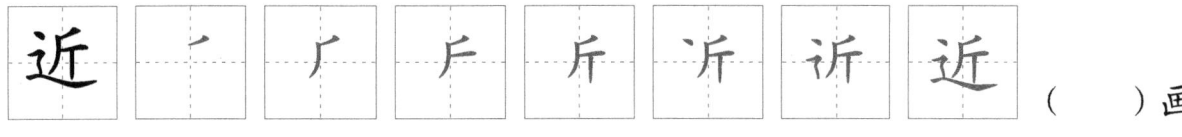 （　）画

(2) 写一写。Write. Trace the character and then write it in the blank box.

　　Tā zuì 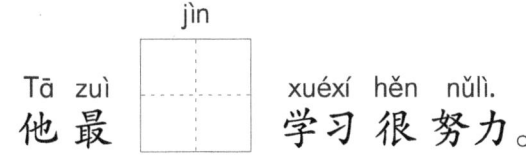 xuéxí hěn nǔlì.
　　　　他 最　　　　　学习 很 努力。

3 自行车链条游戏。Bicycle chain game.

学生站成两排，面对面练习对话。老师说"换"时，学生向右移动位置，继续问新的同伴问题。每人需要移动3次，问3个不同的同伴。然后向大家报告你的结果。Students stand in two lines and make the dialogue face to face. The teacher says "change", and students take one step to the right and continue to make a dialogue with the new partner. Everyone should move 3 times and ask 3 different partners. Then report your result to everyone.

(1)

(2)

小鱼被小猫吃了。
The little fish was eaten by the kitten.

8

4 读一读，说一说。Read and talk.

两人一组，先读第一个句子，再根据第一个句子判断第二个句子对不对。对的圈√，错的圈×。Work in pairs. Read the first sentence, then according to the first sentence determine if the second question is correct. If correct, circle √, if wrong, circle ×.

(1)
- Xiǎoměi jīntiān shàng kè yòu chídào le.
  小美 今天 上 课 又 迟到 了。
- Jīntiān shì Xiǎoměi dì-yī cì shàng kè chídào.
  今天 是 小美 第一 次 上 课 迟到。　√　×

(2)
- Zuótiān wǒ chīle zhè zhǒng bīngjīlíng, hěn hǎochī, jīntiān wǒ xiǎng zài chī yí ge.
  昨天 我 吃了 这 种 冰激凌，很 好吃，今天 我 想再 吃 一 个。
- Jīntiān wǒ yǐjīng chīle yí ge zhè zhǒng bīngjīlíng le.
  今天 我 已经 吃了 一 个 这 种 冰激凌 了。　√　×

(3)
- Wǒmen zhème duō rén, yì pán bú gòu, zài yào yì pán ba.
  我们 这么 多 人，一 盘 不 够，再 要 一 盘 吧。
- Wǒmen rén duō, xūyào liǎng pán.
  我们 人 多，需要 两 盘。　√　×

(4)
- Wǒ jīntiān yòu qù xué Zhōngguó huà le, hěn yǒu yìsi.
  我 今天 又 去 学 中国 画 了，很 有 意思。
- Wǒ yǐqián yǐjīng qù xuéguo Zhōngguó huà le.
  我 以前 已经 去 学过 中国 画 了。　√　×

(5)
- Zuótiān wǒ wàngjì xiě zuòyè le, jīntiān yòu bèi lǎoshī pīpíng le.
  昨天 我 忘记 写 作业 了，今天 又 被 老师 批评 了。
- Wǒ yǐqián méiyǒu bèi lǎoshī pīpíng guo.
  我 以前 没有 被 老师 批评 过。　√　×

YCT 标准教程·活动手册
Standard Course · Activity Book

5 贴一贴，读一读。Paste and read.

根据图片选择第85页的句子，剪下来贴在相应的图片旁边，然后读一读，注意"种"的用法。Select sentences on Page 85 based on the pictures, cut them out and paste them next to the pictures, then read them aloud, pay attention to the use of "种".

(1)

(2)

(3)

(4)

(5)

小鱼被小猫吃了。
The little fish was eaten by the kitten.

6 看一看，写一写。Look and write.

看图，用指定的词语写句子。Look at the pictures, and write sentences with the specified words.

Bàba zuótiān mǎi de táng ne?
爸爸 昨天 买 的 糖 呢？

例：Māma bǎ táng gěi dìdi le.
妈妈 把 糖 给 弟弟 了。

Táng dōu bèi dìdi chī le.
糖 都 被 弟弟 吃 了。

(1) Nǐ kànjiàn jīntiān de bàozhǐ le ma?
你 看见 今天 的 报纸 了 吗？

_____ 。 _____ 。

(2) Dìdi wèi shénme bù gāoxìng?
弟弟 为 什么 不 高兴？

_____ 。 _____ 。

7 选一选，写一写。Select and write.

根据你的实际情况从图片中选一选，然后完成句子。Choose the pictures according to your actual situation, then finish the sentence.

Qǐchuáng yǐhòu, nǐ chángcháng zuò shénme?
起床 以后，你 常常 做 什么？

Qǐchuáng yǐhòu, wǒ xiān _____ , zài _____ 。
起床 以后，我 先 _____ ，再 _____ 。

Fàngxué huí jiā yǐhòu, nǐ chángcháng zuò shénme?
放学（left school）回家 以后，你 常常 做 什么？

Fàngxué huí jiā yǐhòu, wǒ xiān _____ , zài _____ 。
放学 回家 以后，我 先 _____ ，再 _____ 。

Lesson 9

他家搬到动物园附近了。
He moved house, near the zoo.

❶ 读一读，填一填。 Read and fill.

读下列词语，为加点字填上正确的声母。可以查阅本课词表。Read the following words and fill in the blanks with the correct initial. You can check the vocabulary list for this lesson.

m　f　d　l　j　ch　sh

(1) ＿iàn＿＿iàn　　＿iànzǐ yóu＿iàn
　　见　面　　　　电　子　邮　件

(2) ＿ùjìn　　mí＿ù　　＿ùshi
　　附近　　　迷路　　　故事

(3) ＿ìqi　　＿ìzhǐ
　　力气　　　地址

(4) tú＿ūguǎn　　＿ūfā
　　图书馆　　　　出发

❷ 学一学，写一写。 Learn and write.

(1) 数一数。Count. Use your index finger to trace the strokes of the character below, and count how many strokes it has.

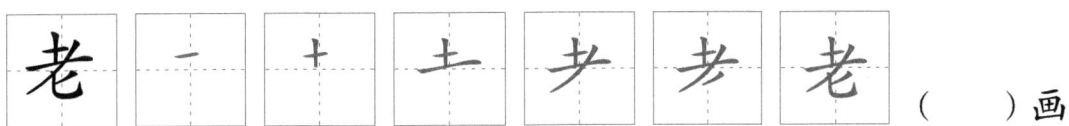

(　　)画

(2) 写一写。Write. Trace the character and then write it in the blank box.

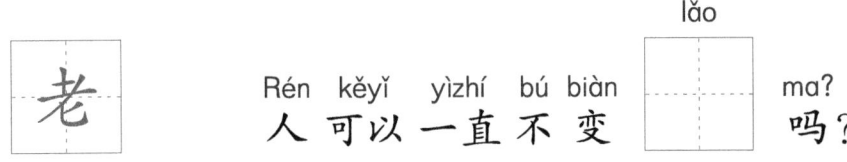

Rén kěyǐ yìzhí bú biàn　lǎo　ma?
人　可以　一直　不　变　　　　吗？

47

3 听一听，圈一圈。Listen and circle.

先读下列短语，然后老师变换顺序再读一遍，按照老师读的顺序填写序号，并在表格中圈出来。First, read the following phrases, then the teacher will change the order and read them again. Number them according to the order the teacher reads them, then circle them in the table below.

	yí ge túshūguǎn 一个 图书馆		yì běn zázhì 一本 杂志		yì zhāng bàozhǐ 一张 报纸
	diànzǐ yóujiàn dìzhǐ 电子 邮件 地址		fā diànzǐ yóujiàn 发 电子 邮件		xuéxiào fùjìn 学校 附近
	hé péngyou jiànmiàn 和 朋友 见面		jǐ diǎn chūfā 几点 出发		xíng bu xíng 行 不 行

行	几	一	个	图	书	馆	老
不	点	本	张	和	朋	友	学
行	出	杂	超	报	搬	见	校
发	发	志	人	家	纸	面	附
电	子	邮	件	地	址	行	近

4 头脑风暴。Brainstorm.

2—3人一组。Mark在北京旅游，他迷路了，请帮他想想办法。Work in groups of 2 to 3 students. Mark is traveling in Beijing, and he is lost. Please help him find a solution.

> Wǒ juéde nǐ yīnggāi ...
> 我 觉得 你 应该……

> Wǒ mílù le, zěnme bàn ne?
> 我 迷路 了，怎么 办 呢？

他家搬到动物园附近了。
He moved house, near the zoo.

9

5 贴一贴，读一读。 Paste and read.

根据图片，在第87页选择问句和答句组成对话，剪下来贴在对应的图片旁边，然后和同伴一起读一读。Based on each picture, create a question-and-answer dialogue using the sentences on Page 87, cut them out and paste them next to the pictures, then read them with a partner.

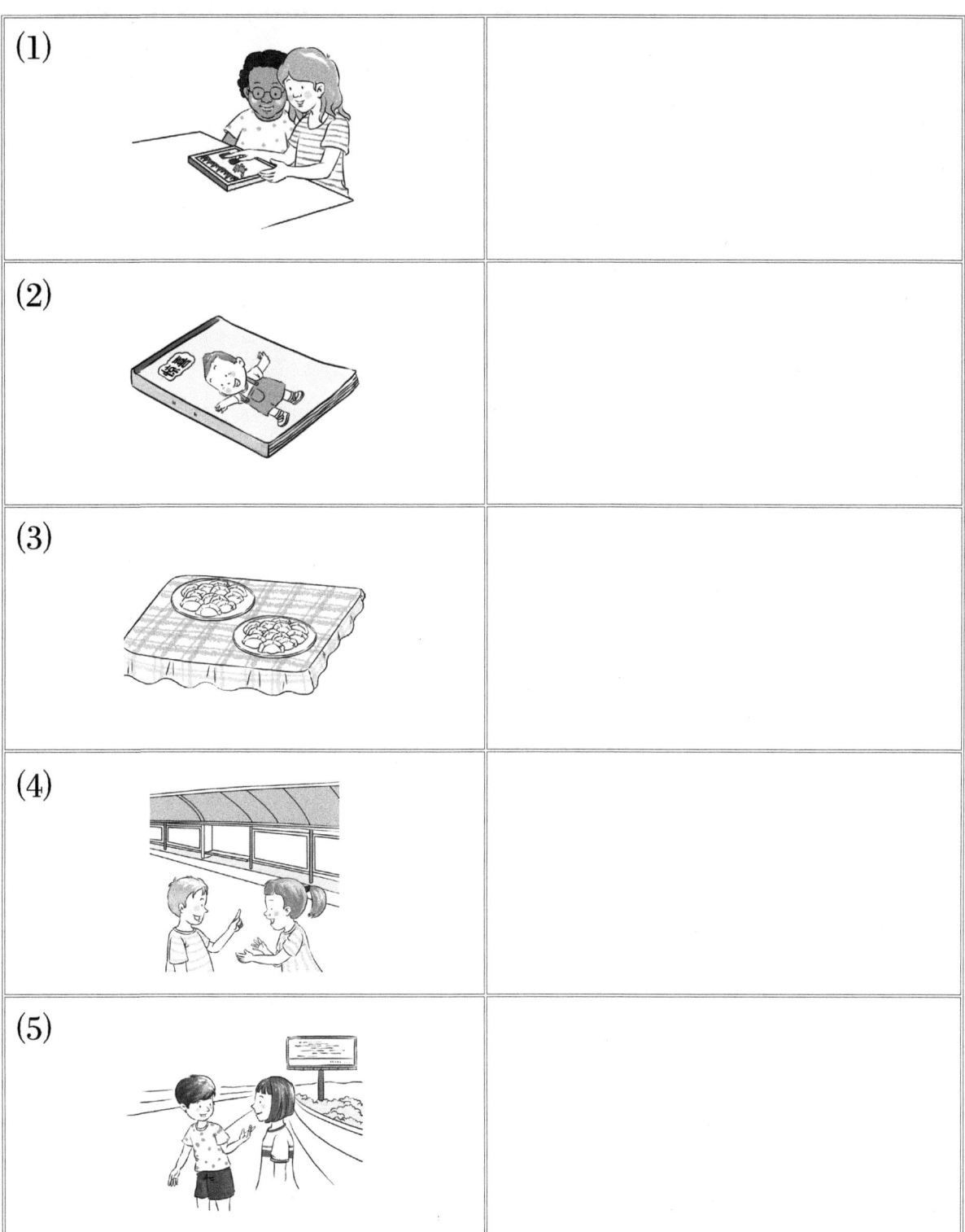

49

6 社区小导游。A small community tour guide.

你的社区有哪些好玩的地方？你最喜欢去哪儿？先画一画，再给同学讲一讲。
What's fun about your community? Where's your favorite place to go? First, draw a picture, then discuss it with your classmates.

Wǒ jiā fùjìn yǒu
我 家 附近 有_____。

Wǒ zuì xǐhuan qù
我 最 喜欢 去_____，

yīnwèi
因为_____。

Huānyíng nǐmen lái wǒ jiā wán. Wǒmen kěyǐ xiān qù
欢迎 你们 来 我 家 玩。我们 可以 先 去_____，

zài qù
再 去_____。

他家搬到动物园附近了。
He moved house, near the zoo.

9

7 故事会。Storytelling.

选一个你最喜欢的汉语故事，先完成下列报告，然后给大家讲一讲。Choose your favorite Chinese story, complete the form below, then tell everyone about the story.

Wǒ zuì xǐhuan de Hànyǔ gùshi
我最喜欢的汉语故事

Title：	Character(s)：
_____	_____
_____	_____
_____	_____
_____	_____
Setting（什么时候？哪儿？）：	Beginning：
_____	_____
_____	_____
_____	_____
_____	_____
Middle：	End：
_____	_____
_____	_____
_____	_____
_____	_____

Wǒ zuì xǐhuan zhège gùshi, yīnwèi:
我最喜欢这个故事，因为：

_____

_____

Lesson 10　月亮离我们多远？
How far is the moon from us?

1 读一读，写一写。Read and write.

读词语，给加点的字加上声调。Read the words and add tones to the dotted characters.

(1) qī ge　　qí mǎ　　cáng qǐlai　　shēngqì
　　七个——骑马——藏起来——生气

(2) lí　　gōnglǐ　　nǔlì
　　离——公里——努力

(3) cǎoyuán　　duō yuǎn　　yīyuàn
　　草原——多 远——医院

(4) bīngshuǐ　　yuèbǐng　　shēngbìng
　　冰 水——月 饼——生 病

2 学一学，写一写。Learn and write.

(1) 数一数。Count. Use your index finger to trace the strokes of the character below, and count how many strokes it has.

公　丿　八　公　公　（　）画

(2) 写一写。Write. Trace the character and then write it in the blank box.

公　　　Wǒ jiā lí xuéxiào dàgài shí　gōng　lǐ.
　　　　我 家 离 学 校 大 概 10　　　 里。

10 月亮离我们多远？
How far is the moon from us?

3 找一找，画一画。Find and draw.

熊猫迷路了，沿着下面的词语密码才能找到它的家，请用绿色帮熊猫画出它回家的路线。The panda is lost. Follow the word codes to find the panda's home. Use green to draw a line to help the panda find its way home.

chūfā	dà hǎi	cǎoyuán	xīngxing	qí mǎ	yuèbing
出发 → 大海	— 草原	— 星星	— 骑马	— 月饼 —	

bái yún	dàgài	gōnglǐ	guójiā	cáng qǐlai	xióngmāo de jiā
白云 —	大概 —	公里 —	国家 —	藏 起来 →	熊猫 的家

	多	远	高	高	的	树	离	家	藏
出发→	大	海	草	国	家	里	国	三	起
	绿	漂	原	星	月	公	行	亚	来
	绿	亮	海	星	饼	概	大	看	超
	的	的	大	骑	马	老	云	星	人
	草	地	旅	游	月	饼	白	星	飞

4 问一问，答一答。Ask and answer.

2—3人一组，一人掷骰子选问题，其他人一起读出这个问题，掷骰子的同学用"大概"回答这个问题。Work in groups of 2 to 3 students. One student rolls the dice to select a question, while the others read the question aloud. The student who rolled the dice uses "大概" to answer the question.

> 大概+Number+（Measure Word）

(1) Nǐ jiā lí xuéxiào duō yuǎn?
    你家离学校多远？

(2) Cóng nǐ jiā kāi chē dào xuéxiào yào duō cháng shíjiān?
    从你家开车到学校要多长时间？

(3) Jiàoshì li de diànnǎo duōshao qián?
    教室里的电脑多少钱？

(4) Nǐ jīntiān jǐ diǎn dào jiàoshì de?
    你今天几点到教室的？

(5) Wǒmen xuéxiào yígòng yǒu duōshao xuésheng?
    我们学校一共有多少学生？

(6) Wǒmen xuéxiào yígòng yǒu duōshao nǚshēng?
    我们学校一共有多少女生？

Wǒmen xuéxiào yígòng yǒu duōshao nǚshēng?
我们学校一共有多少女生？

Dàgài sānbǎi ge nǚshēng.
大概 300 个女生。

月亮离我们多远？
How far is the moon from us?

5 班级调查。Class survey.

每人说一说自己最想去哪儿旅游，统计一下想去哪儿的人最多，想去哪儿的人最少。Have everyone say the place they want to travel to the most. Which place do the most people want to go to? The least?

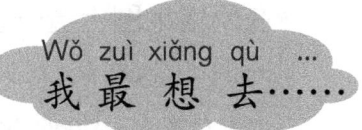
Wǒ zuì xiǎng qù ...
我 最 想 去……

Zuì xiǎng qù de dìfang 最 想 去 的 地方	Duōshao rén? 多少 人？
Zuì xiǎng qù kàn dà hǎi 最 想 去 看 大 海	
Zuì xiǎng qù cǎoyuán 最 想 去 草原	
Zuì xiǎng qù kàn yǒumíng de shān 最 想 去 看 有名 的 山	
Xiǎng qù _____ de tóngxué zuì duō, yǒu _____ ge. 想 去_____的 同学 最多，有_____个。	
Xiǎng qù _____ de tóngxué zuì shǎo, yǒu _____ ge. 想 去_____的 同学 最少，有_____个。	

6 读一读，连一连。Read and match.

句子和图片连线搭配。Draw lines to match the pictures and the sentences.

(1) Wǒ bú è, shénme dōu bù xiǎng chī.
我 不 饿，什么 都 不 想 吃。

(2) Wǒ bù kě, shénme dōu bù xiǎng hē.
我 不 渴，什么 都 不 想 喝。

(3) Wǒ tài shēngqì le, shénme dōu bù xiǎng shuō.
我 太 生气 了，什么 都 不 想 说。

(4) Wǒ tài lèi le, shénme dìfang dōu bù xiǎng qù.
我 太 累 了，什么 地方 都 不 想 去。

(5) Wǒ xiǎng shuìjiào, shénme diànyǐng dōu bù xiǎng kàn.
我 想 睡觉，什么 电影 都 不 想 看。

7 画一画，说一说。Draw and talk.

在网络地图上查一查你家附近的这些地方，画一张地图，记下他们的距离，然后说一说。Check the places near your home on an online map, then draw your own map and record their distance, finally talk about it.

Wǒ de xuéxiào lí wǒ jiā _____ gōnglǐ.
我 的 学校 离 我 家 _____ 公里。

Wǒ jiā zuì jìn de chāoshì lí wǒ jiā _____ gōnglǐ.
我 家 最 近 的 超市 离 我 家 _____ 公里。

Wǒ jiā zuì jìn de túshūguǎn lí wǒ jiā _____ gōnglǐ.
我 家 最 近 的 图书馆 离 我 家 _____ 公里。

Wǒ jiā zuì jìn de gōngyuán lí wǒ jiā _____ gōnglǐ.
我 家 最 近 的 公园 离 我 家 _____ 公里。

Wǒ jiā zuì jìn de yīyuàn lí wǒ jiā _____ gōnglǐ.
我 家 最 近 的 医院 离 我 家 _____ 公里。

Wǒ jiā zuì jìn de tǐyùguǎn lí wǒ jiā _____ gōnglǐ.
我 家 最 近 的 体育馆 离 我 家 _____ 公里。

Wǒ jiā de shèqū dìtú
我 家 的 社区 地图   My community map

Wǒ jiā lí _____ zuì jìn.
我 家 离 _____ 最 近。

Wǒ jiā lí _____ zuì yuǎn.
我 家 离 _____ 最 远。

Lesson 11

我用帽子换你的盘子。
Let me swap my hat for your plate.

1 读一读，圈一圈。Read and circle.

读词语，圈出每组中声调不同的词。Read the words and circle the one with a different tone from the others.

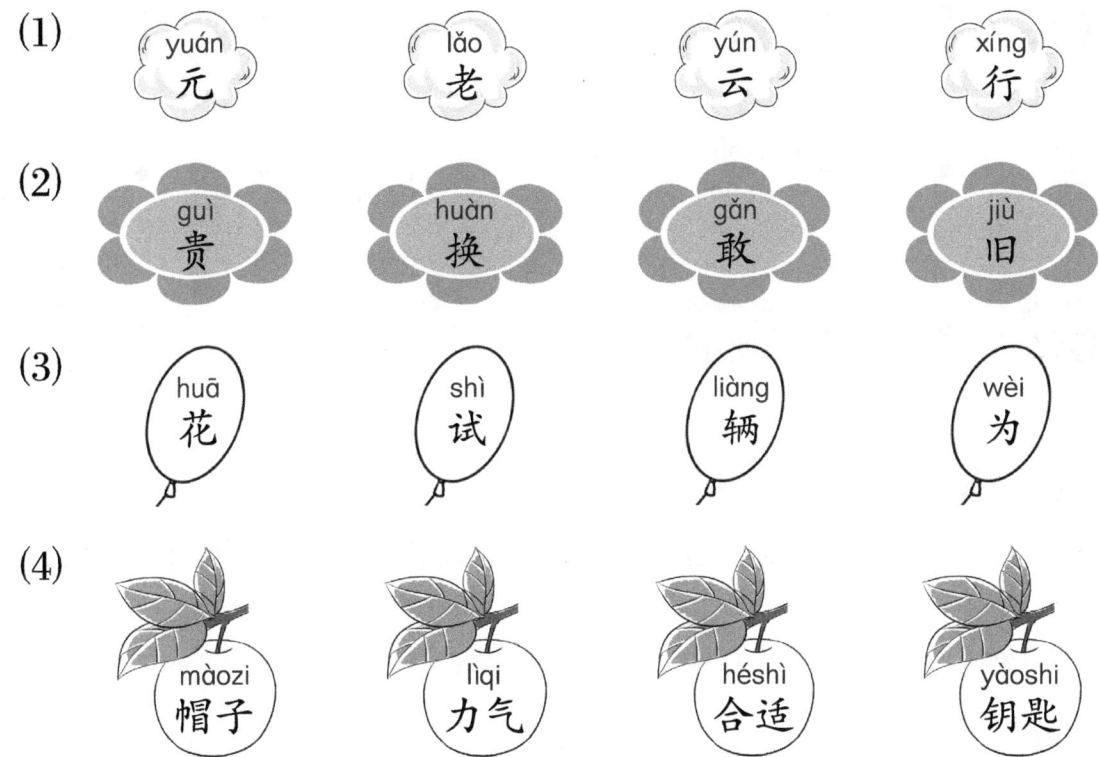

(1) yuán 元   lǎo 老   yún 云   xíng 行

(2) guì 贵   huàn 换   gǎn 敢   jiù 旧

(3) huā 花   shì 试   liàng 辆   wèi 为

(4) màozi 帽子   lìqi 力气   héshì 合适   yàoshi 钥匙

2 学一学，写一写。Learn and write.

(1) 数一数。Count. Use your index finger to trace the strokes of the character below, and count how many strokes it has.

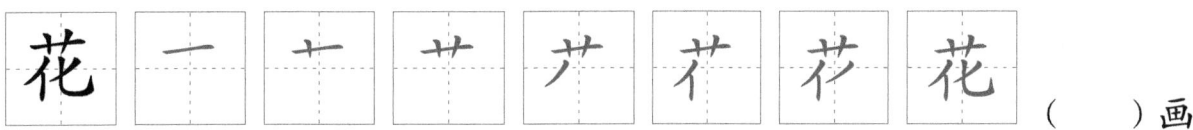

花　一　十　艹　艹　芢　花　花　（　）画

(2) 写一写。Write. Trace the character and then write it in the blank box.

花　　Zhège shǒujī　　huā　　le liǎngqiān yuán.
　　这个 手机　　□　　了 两千 元。

3 读一读，连一连。Read and match.

反义词搭配连线。Draw lines to match words that are opposites.

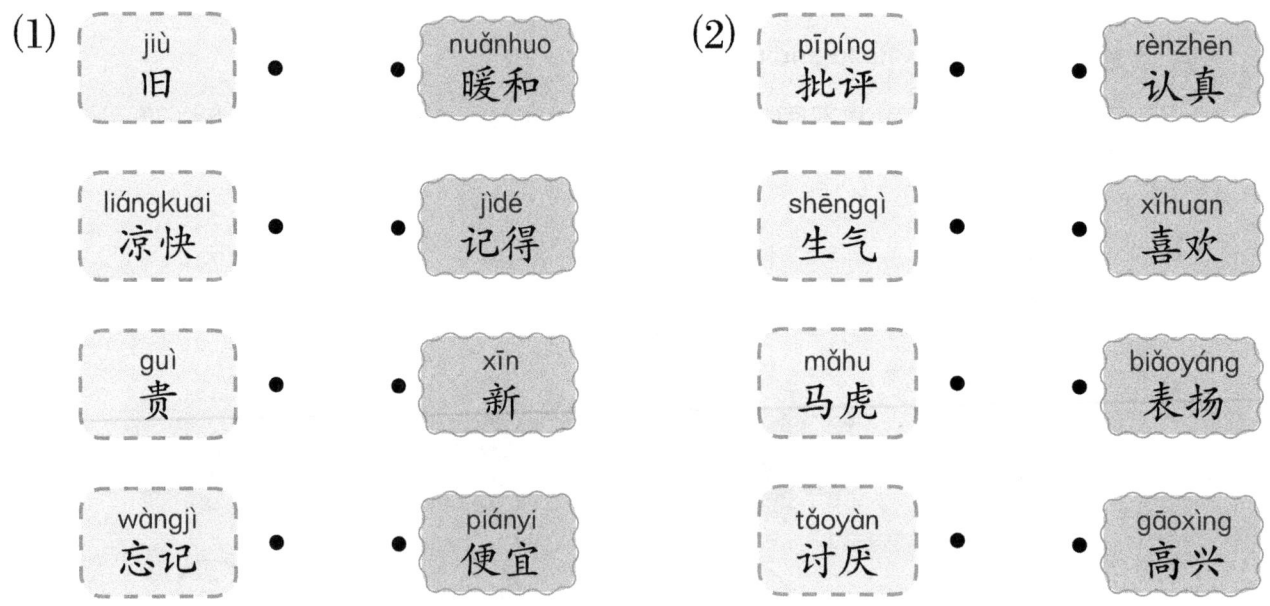

4 选一选，答一答。Select and answer.

2—3人一组，一人掷骰子选问题，其他人一起读出这个问题，掷骰子的同学回答这个问题。Work in groups of 2 to 3 students. One students rolls the dice to select a question, while the others read the question aloud. The student who rolled the dice answers the question.

例：Nǐ gǎn yí ge rén qù Zhōngguó lǚyóu ma?
你 敢 一 个 人 去 中国 旅游 吗？

(1) Nǐ gǎn zài dà hǎi li yóuyǒng ma?
你 敢 在 大海 里 游泳 吗？

(2) Nǐ gǎn zìjǐ zài cǎoyuán shang qí mǎ ma?
你 敢 自己 在 草原 上 骑马 吗？

(3) Nǐ gǎn yí ge rén qù pá shān ma?
你 敢 一 个 人 去 爬 山 吗？

(4) Nǐ gǎn yòng Hànyǔ gěi dàjiā jiǎng gùshi ma?
你 敢 用 汉语 给 大家 讲 故事 吗？

(5) Nǐ bù gǎn zuò shénme shì?
你 不 敢 做 什么 事？

11 我用帽子换你的盘子。
Let me swap my hat for your plate.

5 算一算，答一答。Add and answer.

看图片，算一算图中分别是多长时间。Look at the pictures and figure out how long the time is.

Duō cháng shíjiān?
多长时间？

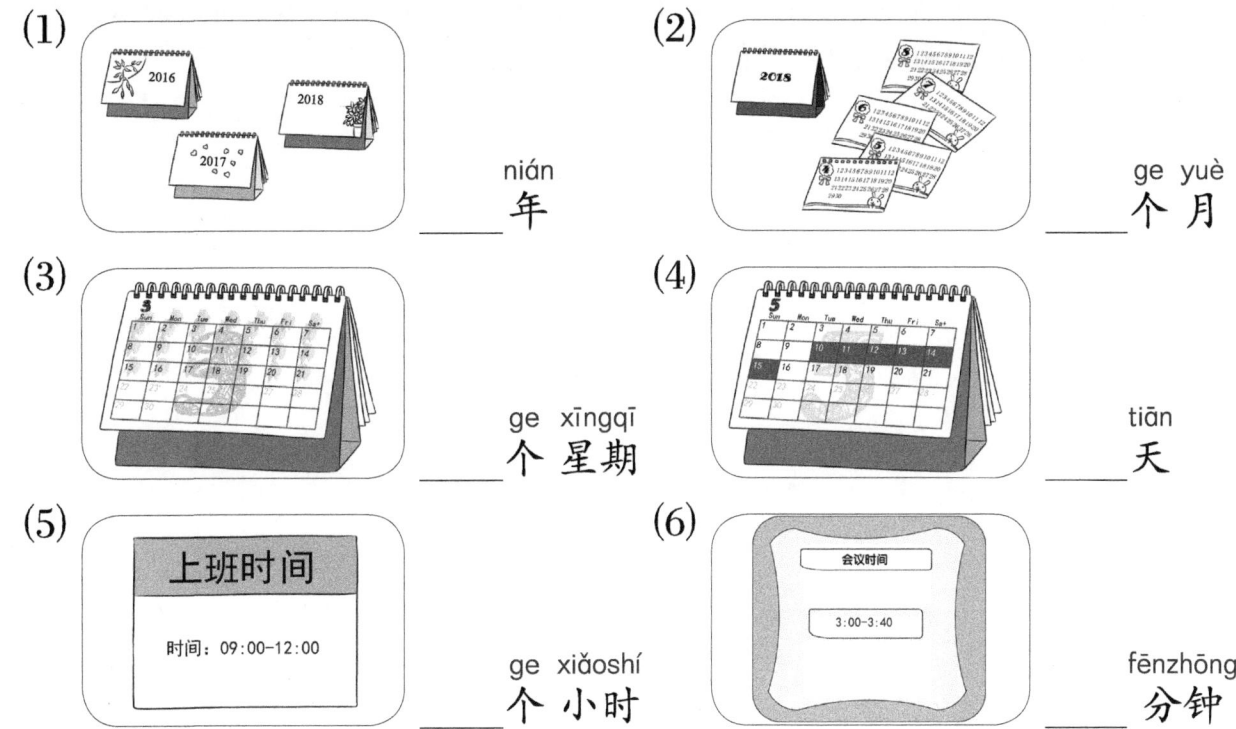

(1) ___ nián 年

(2) ___ ge yuè 个月

(3) ___ ge xīngqī 个星期

(4) ___ tiān 天

(5) ___ ge xiǎoshí 个小时

(6) ___ fēnzhōng 分钟

6 自行车链条游戏。Bicycle chain game.

学生站成两排，面对面练习对话。老师说"换"时，学生向右移动位置，继续问新的同伴问题。每人需要移动4次，问4个不同的同伴。然后向大家报告你的结果。Students stand in two lines and make the dialogue face to face. The teacher says "change", and students take one step to the right and continue to make a dialogue with the new partner. Everyone should move 4 times and ask 4 different partners. Then report your result to everyone.

Nǐ zuìjìn xuéhuì le shénme?
你最近学会了什么？
Huāle duō cháng shíjiān xuéhuì de?
花了多长时间学会的？

Wǒ zuìjìn xuéhuì le dǎ pīngpāngqiú,
我最近学会了打乒乓球，
huāle yí ge yuè xuéhuì de.
花了一个月学会的。

59

7 Bingo游戏。Bingo.

把第87页的图片剪下来贴到Bingo图中，然后听老师说句子，根据老师说的句子圈出图画，先连成一条线者胜利。Cut out the pictures on Page 87 and paste them onto the bingo board. Listen to your teacher read out sentences. Circle the picture that you hear. Whoever circles a full line first, wins.

11 我用帽子换你的盘子。
Let me swap my hat for your plate.

8 画一画，写一写。 Draw and write.

回忆一下你收到过的生日礼物，画出来，给大家介绍一下。Think about the birthday presents you've received, and draw them, then introduce them to the class.

Zhè shì wǒ liù suì shēngrì de shíhou,
这是我6岁生日的时候，
bàba māma wèi wǒ mǎi de shēngrì
爸爸妈妈为我买的生日
lǐwù.
礼物。

Zhè shì wǒ ___ suì shēngrì de shíhou,
这是我___岁生日的时候，
___ wèi wǒ mǎi de shēngrì lǐwù.
___为我买的生日礼物。

Zhè shì wǒ ___ suì shēngrì de shíhou,
这是我___岁生日的时候，
___ wèi wǒ mǎi de shēngrì lǐwù.
___为我买的生日礼物。

Zhè shì wǒ ___ suì shēngrì de shíhou,
这是我___岁生日的时候，
___ wèi wǒ mǎi de shēngrì lǐwù.
___为我买的生日礼物。

Lesson 12 以后要注意。
Be more careful in the future.

1 读一读，圈一圈。Read and circle.

读下列词语，圈出每组中声调不同的词语。Read the words and circle the one that has a different tones from the others.

(1) zhōngjiān 中间 / bānjiā 搬家 / zuìjìn 最近 / fēijī 飞机

(2) zhùyì 注意 / jiànmiàn 见面 / fùjìn 附近 / chūfā 出发

(3) pá shù 爬树 / dà hǎi 大海 / juédìng 决定 / yóuxì 游戏

(4) kāishǐ 开始 / jìzhù 记住 / wēixiǎn 危险 / shēntǐ 身体

2 学一学，写一写。Learn and write.

(1) 数一数。Count. Use your index finger to trace the strokes of the character below, and count how many strokes it has.

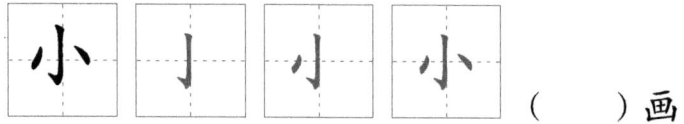

（　）画

(2) 写一写。Write. Trace the character and then write it in the blank box.

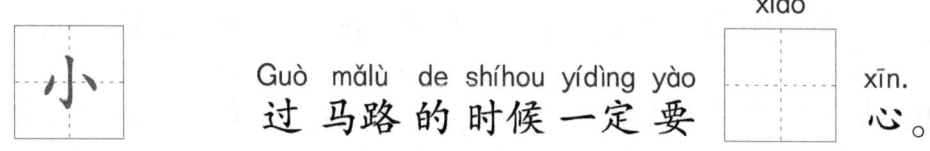

Guò mǎlù de shíhou yídìng yào xiǎo xīn.
过 马 路 的 时 候 一 定 要 小 心 。

以后要注意。
12
Be more careful in the future.

3 听一听，圈一圈。Listen and circle.

先读下列词语，然后老师变换顺序再读一遍，按照老师读的顺序填写序号，并在表格中圈出来。First, read the following phrases, then the teacher will change the order and read them again. Number them according to the order the teacher reads them, then circle them in the table below.

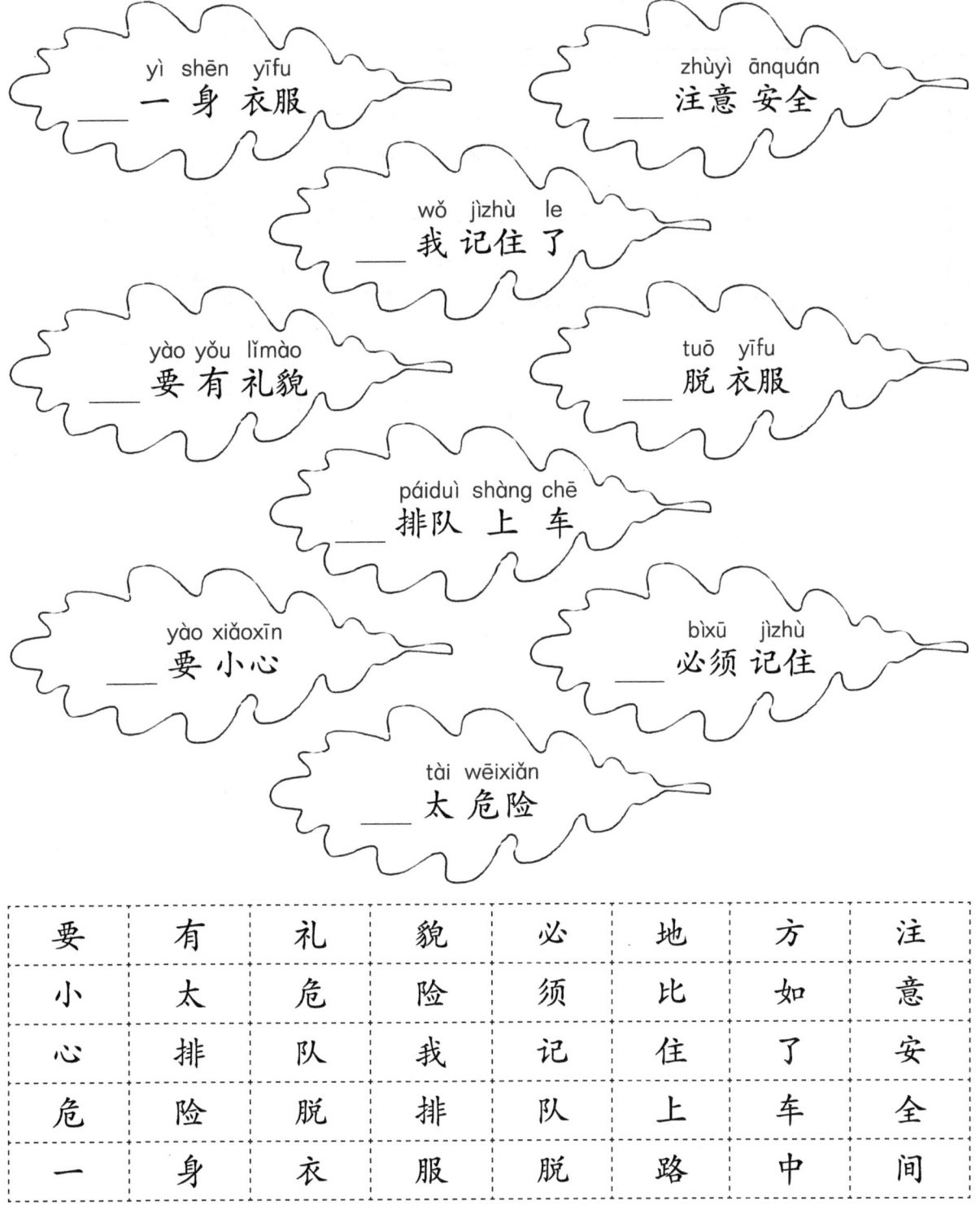

要	有	礼	貌	必	地	方	注
小	太	危	险	须	比	如	意
心	排	队	我	记	住	了	安
危	险	脱	排	队	上	车	全
一	身	衣	服	脱	路	中	间

4 问一问，说一说。Ask and talk.

学生分成两组，一组转转盘并发问，另一组回答，答对的学生获得下一个转转盘的权利。Work in two groups. The first group turns the wheel and asks questions, while the second group answers. The student who answers correctly gets the right to turn the wheel next.

以后要注意。
Be more careful in the future.

12

5 剪一剪，贴一贴。Cut and paste.

想一想下列标识代表什么意思，然后把第89页合适的标语剪下来贴在标识旁边。
Think about what the following signs mean, then cut out the appropriate sentences on Page 89 and paste them next to the correct signs.

(1)

_____

(2)

_____

(3)

_____

(4)

_____

(5)

_____

6 听一听，说一说。Listen and talk.

先读下列句子，自己判断能不能这样做。然后听老师说句子，快速反应并说一说。
First read the sentences and decide by yourself if this is right or wrong. Then, listen to the teacher and respond quickly.

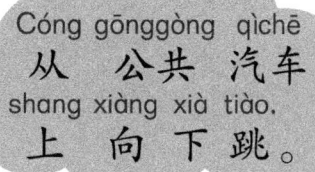
Cóng gōnggòng qìchē shang xiàng xià tiào.
从 公共 汽车 上 向 下 跳。

Bú yào cóng gōnggòng qìchē shang xiàng xià tiào.
不要 从 公共 汽车 上 向 下 跳。

kěyǐ ......
可以……

bú yào ......
不要……

1	Zài dìtiě shang yòu pǎo yòu tiào. 在 地铁 上 又 跑 又 跳。		4	Chī méiyǒu xǐ de shuǐguǒ. 吃 没有 洗 的 水果。
2	Zài lù zhōngjiān zuò yóuxì. 在 路 中间 做 游戏。		5	Yìbiān sànbù yìbiān tīng yīnyuè. 一边 散步 一边 听 音乐。
3	Zài túshūguǎn xiě zuòyè. 在 图书馆 写 作业。		6	Yìbiān xiě zuòyè yìbiān kàn diànshì. 一边 写 作业 一边 看 电视。

7 演一演，说一说。Act and talk.

两人一组，一个同学表演一个不合适的行为，另一个同学提醒不要这么做。Work in pairs. One student acts out an inappropriate behavior, while the other student reminds him/her not to do so.

Bú yào zài jiàoshì li dǎ lánqiú.
不要 在 教室 里 打 篮球。

Duìbuqǐ.
对不起。

Yǐhòu yào zhùyì a.
以后 要 注意 啊。

Hǎode, wǒ jìzhù le.
好的，我 记住 了。

以后要注意。
Be more careful in the future.

12

8 画一画，写一写。 Draw and write.

想一想学生在学校、在教室应该遵守哪些规定，把这些规定做成标牌表示出来。
Think about what rules students should follow in schools and classrooms, and make these rules as signs.

Bú yào zài lóudào　　　　　li tī
不要在楼道（corridor）里踢
zúqiú.
足球。

Bú yào
不要_____
_____。

Bú yào
不要_____
_____。

Bú yào
不要_____
_____。

Lesson 13 我爱吃辣的。
I like spicy food.

1 读一读，圈一圈。Read and circle.

朗读下列词语，把每组中相同的拼音圈出来。Read the following words and circle the ones with the same *Pinyin*.

(1) shòubuliǎo 受不了 / gèng shòu yì diǎnr 更瘦一点儿

(2) yì hé qiǎokèlì 一盒巧克力 / wǒ hé gēge 我和哥哥

(3) hùxiāng 互相 / bīngxiāng 冰箱

(4) jiānchí 坚持 / shíjiān 时间

(5) tóngyì 同意 / róngyì 容易

(6) xīhóngshì 西红柿 / bú shì 不是

(7) értóng chē 儿童车 / tóngyì 同意

(8) jīdàn 鸡蛋 / dànshì 但是

2 学一学，写一写。Learn and write.

(1) 数一数。Count. Use your index finger to trace the strokes of the character below, and count how many strokes it has.

西 一 丆 丙 西 西 （　）画

(2) 写一写。Write. Trace the character and then write it in the blank box.

西　　Wǒ huì zuò 我会做 xī ___ hóngshì chǎo jīdàn. 红柿炒鸡蛋。

13 我爱吃辣的。
I like spicy food.

3 找一找，画一画。Find and draw.

熊猫迷路了，沿着下面的词语密码才能找到它的家，请用绿色帮熊猫画出它回家的路线。The panda is lost. Follow the word codes to find the panda's home. Use green to draw a line to help the panda find its way home.

Chūfā　 là　 tián　 táng　 xīhóngshì　 bīngxiāng　 shòu　 jiānchí
出发 → 辣 — 甜 — 糖 — 西红柿 — 冰箱 — 瘦 — 坚持
　 shòubuliǎo　 chībuliǎo　 hé　 tóngyì　 tǎolùn　 xióngmāo de jiā
 — 受不了 — 吃不了 — 盒 — 同意 — 讨论 → 熊猫 的 家

出发→

辣	巧	克	力	了	盒	同	意	糖
越	甜	讨	瘦	不	西	红	柿	讨
辣	糖	论	冰	箱	吃	了	炒	论
越	西	红	柿	麻	婆	不	鸡	吃
好	坚	同	冰	豆	腐	受	蛋	不
瘦	持	意	箱	瘦	坚	持	甜	了

4 自行车链条游戏。Bicycle chain game.

学生站成两排，面对面练习对话。老师说"换"时，学生向右移动位置，继续问新的同伴问题。每人需要移动4次，问4个不同的同伴。然后向大家报告你的结果。Students stand in two lines and make the dialogue face to face. The teacher says "change", and students take one step to the right and continue to make a dialogue with the new partner. Everyone should move 4 times and ask 4 different partners. Then report your result to everyone.

Nǐ ài chī là de ma?
你爱吃辣的吗？
Nǐ ài chī tián de ma?
你爱吃甜的吗？

Wǒ bù ài chī là de,
我不爱吃辣的，
wǒ ài chī tián de.
我爱吃甜的。

69

5 分一分，贴一贴。Divide and paste.

第89页的食物分别是什么味道的？把它们剪下来贴在相应的地方。自己再画一个同类口味的东西。What do the food on Page 89 taste like? Cut out the pictures and paste them in the correct places. Finally, draw something that have a similar flavor.

suān de
酸的（sour）

tián de
甜的（sweet）

kǔ de
苦的（bitter）

là de
辣的（spicy）

xián de
咸的（salty）

我爱吃辣的。
I like spicy food.

13

6 班级调查。Class survey.

每个同学先说一说自己同不同意下列观点，统计一下全班同学对每个问题的看法。然后每个同学选一个观点谈一谈自己为什么同意或为什么不同意。First, have every student say whether or not they agree with the ideas below. Survey the whole class, then have everyone choose an idea, and say why they agree or not.

> Nǐ tóngyì ma? Wèi shénme? Wǒmen tǎolùn yíxià ba.
> 你同意吗？为什么？我们讨论一下吧。

	Tóngyì 同意	Bù tóngyì 不同意
(1) Xiǎo māo bǐ xiǎo gǒu kě'ài. 小猫比小狗可爱。		
(2) Niúnǎi bǐ guǒzhī hǎohē. 牛奶比果汁好喝。		
(3) Yuè guì de dōngxi yuè hǎo. 越贵的东西越好。		
(4) Yuè duànliàn shēntǐ yuè jiànkāng. 越锻炼身体越健康。		
(5) Nǚhái bù néng xué gōngfu. 女孩（girl）不能学功夫。		
(6) Nánhái bù néng yǒu cháng tóufa. 男孩（boy）不能有长头发。		

> Yuè duànliàn shēntǐ yuè jiànkāng, wǒ tóngyì. Yīnwèi yùndòng ràng shēntǐ hǎo, wǒ yéye měi tiān dōu duànliàn, tā shēntǐ fēicháng jiànkāng.
> 越锻炼身体越健康，我同意。因为运动让身体好，我爷爷每天都锻炼，他身体非常健康。

> Niúnǎi bǐ guǒzhī hǎohē, wǒ bù tóngyì. Wǒ bù xǐhuan hē niúnǎi.
> 牛奶比果汁好喝，我不同意。我不喜欢喝牛奶。

7 画一画，写一写。Draw and write.

问问你的朋友或家人什么事可能让他们受不了。然后画下来，写出来。Ask friends or family members something they cannot tolerate, then draw and write them out.

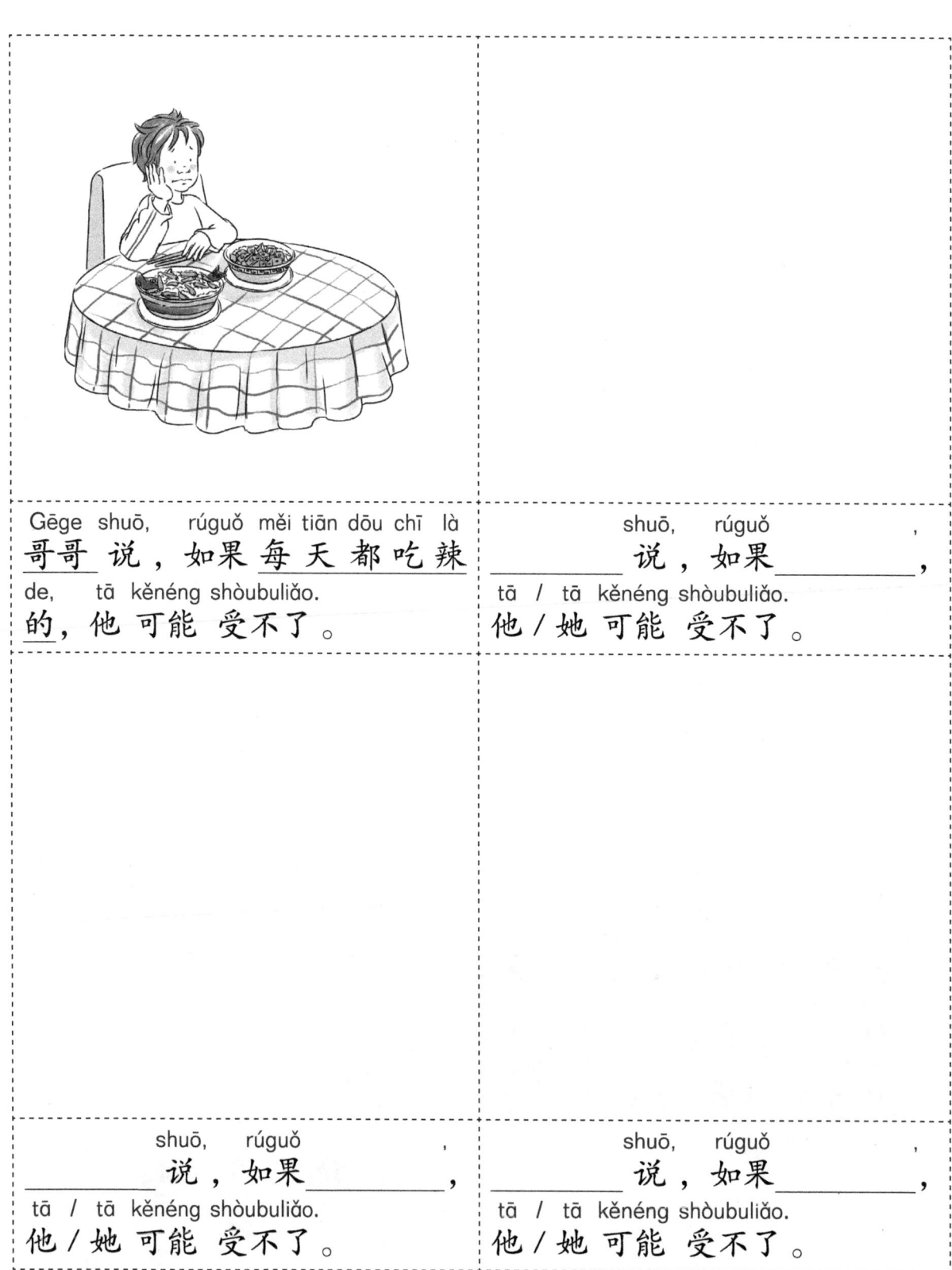

Gēge shuō, rúguǒ měi tiān dōu chī là
哥哥 说，如果 每天 都 吃 辣
de, tā kěnéng shòubuliǎo.
的，他 可能 受不了。

shuō, rúguǒ ,
_____ 说，如果_____，
tā / tā kěnéng shòubuliǎo.
他 / 她 可能 受不了。

shuō, rúguǒ ,
_____ 说，如果_____，
tā / tā kěnéng shòubuliǎo.
他 / 她 可能 受不了。

shuō, rúguǒ ,
_____ 说，如果_____，
tā / tā kěnéng shòubuliǎo.
他 / 她 可能 受不了。

Lesson 14

有的熊猫一直睡觉。
Some pandas slept all the time.

1 读一读，圈一圈。Read and circle.

读词语，圈出含有轻声音节的词语。Read the words and circle the word with a neutral tone.

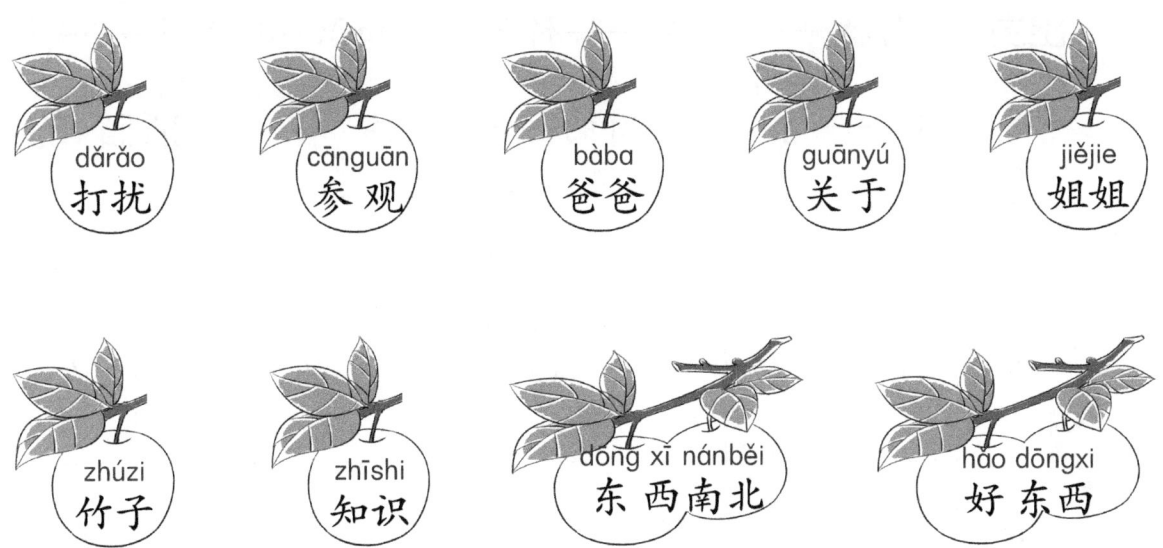

- dǎrǎo 打扰
- cānguān 参观
- bàba 爸爸
- guānyú 关于
- jiějie 姐姐
- zhúzi 竹子
- zhīshi 知识
- dōng xī nán běi 东西南北
- hǎo dōngxi 好东西

2 学一学，写一写。Study and Write.

(1) 数一数。Count. Use your index finger to trace the strokes of the character below, and count how many strokes it has.

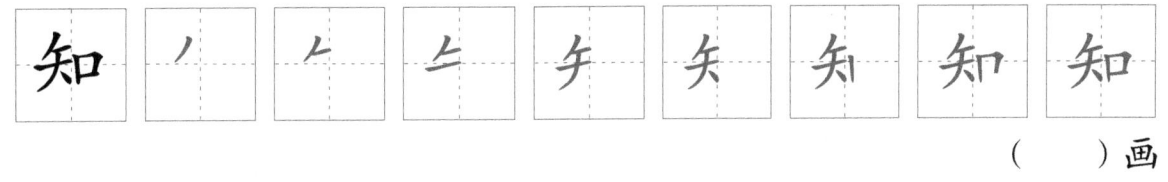

（　）画

(2) 写一写。Write. Trace the character and then write it in the blank box.

Wǒ zhīdào hěn duō guānyú Hànzì de zhī shí.
我 知 道 很 多 关 于 汉 字 的 　 识。

73

3 找一找，画一画。Find and draw.

熊猫迷路了，沿着下面的词语密码才能找到它的家，请用绿色帮熊猫画出它回家的路线。The panda is lost. Follow the word codes to find the panda's home. Use green to draw a line to help the panda find its way home.

出发 → 打扰 — 参观 — 竹子 — 知识 — 关于 — 熟悉 — 小姐 — 清楚 — 有的 — 向右转 → 熊猫的家
(chūfā) (dǎrǎo) (cānguān) (zhúzi) (zhīshi) (guānyú) (shúxī) (xiǎojiě) (qīngchu) (yǒude) (xiàng yòu zhuǎn) (xióngmāo de jiā)

	一	直	东	西	转	有	的	向	右
出发→	打	睡	往	走	来	楚	关	打	转
	扰	觉	参	观	走	清	姐	扰	熊
	参	观	向	左	转	去	小	一	猫
	看	竹	子	知	于	熟	悉	下	馆
	起	来	东	识	关	于	往	东	走

74

14 有的熊猫一直睡觉。
Some pandas slept all the time.

4 问一问，答一答。 Ask and answer.

2—3人一组，一人掷骰子选问题，其他人一起读出这个问题，掷骰子的同学用"对……"回答这个问题。Work in groups of 2 to 3 students. One student rolls a dice to select a question, while the others read the question aloud. The student who rolled the dice uses "对……" to answer the question.

(1) Nǐ duì Zhōngguó gōngfu gǎn xìngqù ma?
你 对 中国 功夫 感 兴趣 吗？

(2) Nǐ duì zuò dēnglong gǎn xìngqù ma?
你 对 做 灯笼 感 兴趣 吗？

(3) Nǐ duì shénme yùndòng gǎn xìngqù?
你 对 什么 运动 感 兴趣？

(4) Nǐ duì Chāorén de gùshi shúxi ma?
你 对 超人 的 故事 熟悉 吗？

(5) Nǐ duì Gōngfu Xióngmāo shúxi ma?
你 对《功夫 熊猫》熟悉 吗？

(6) Nǐ duì wǒmen bān nǎge tóngxué hěn shúxi?
你 对 我们 班 哪个 同学 很 熟悉？

Nǐ duì wǒmen bān nǎ ge tóngxué hěn shúxi?
你 对 我们 班 哪 个 同学 很 熟悉？

Wǒ duì Lǐ Xuě hěn shúxi, wǒmen shì hǎo péngyou.
我 对 李雪 很 熟悉，我们 是 好 朋友。

5 走一走，找一找。Walk and find.

下面是小美家的社区，看看小美顺着下列线路能走到哪里。Below is Xiaomei's neighborhood, see where Xiaomei can go following the lines below.

Cóng wǒ jiā chūlai, wǎng dōng zǒu, xiàng zuǒ zhuǎn, jiù dàole
从我家出来，往东走，向左转，就到了（　　）。

Cóng wǒ jiā chūlai, wǎng běi zǒu, xiàng zuǒ zhuǎn, jiù dàole
从我家出来，往北走，向左转，就到了（　　）。

Cóng wǒ jiā chūlai, wǎng běi zǒu, xiàng yòu zhuǎn, jiù dàole
从我家出来，往北走，向右转，就到了（　　）。

Cóng wǒ jiā chūlai, wǎng nán zǒu, xiàng zuǒ zhuǎn, jiù dàole
从我家出来，往南走，向左转，就到了（　　）。

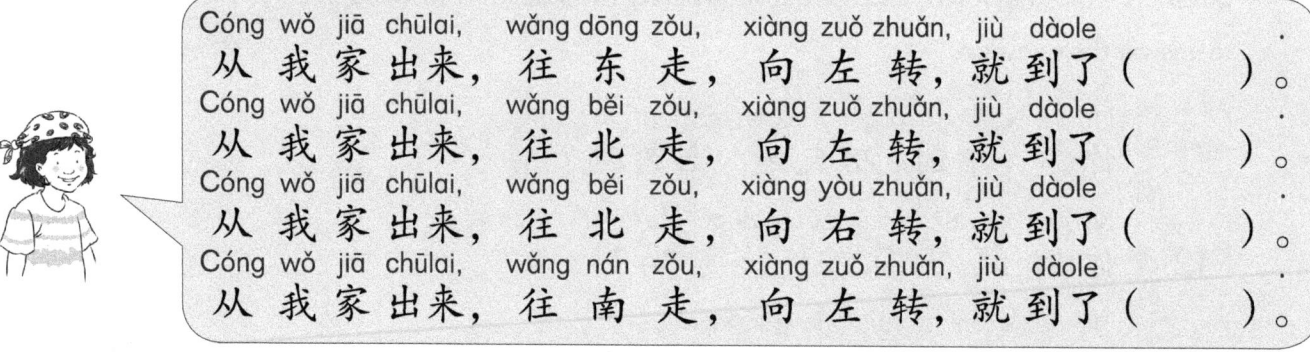

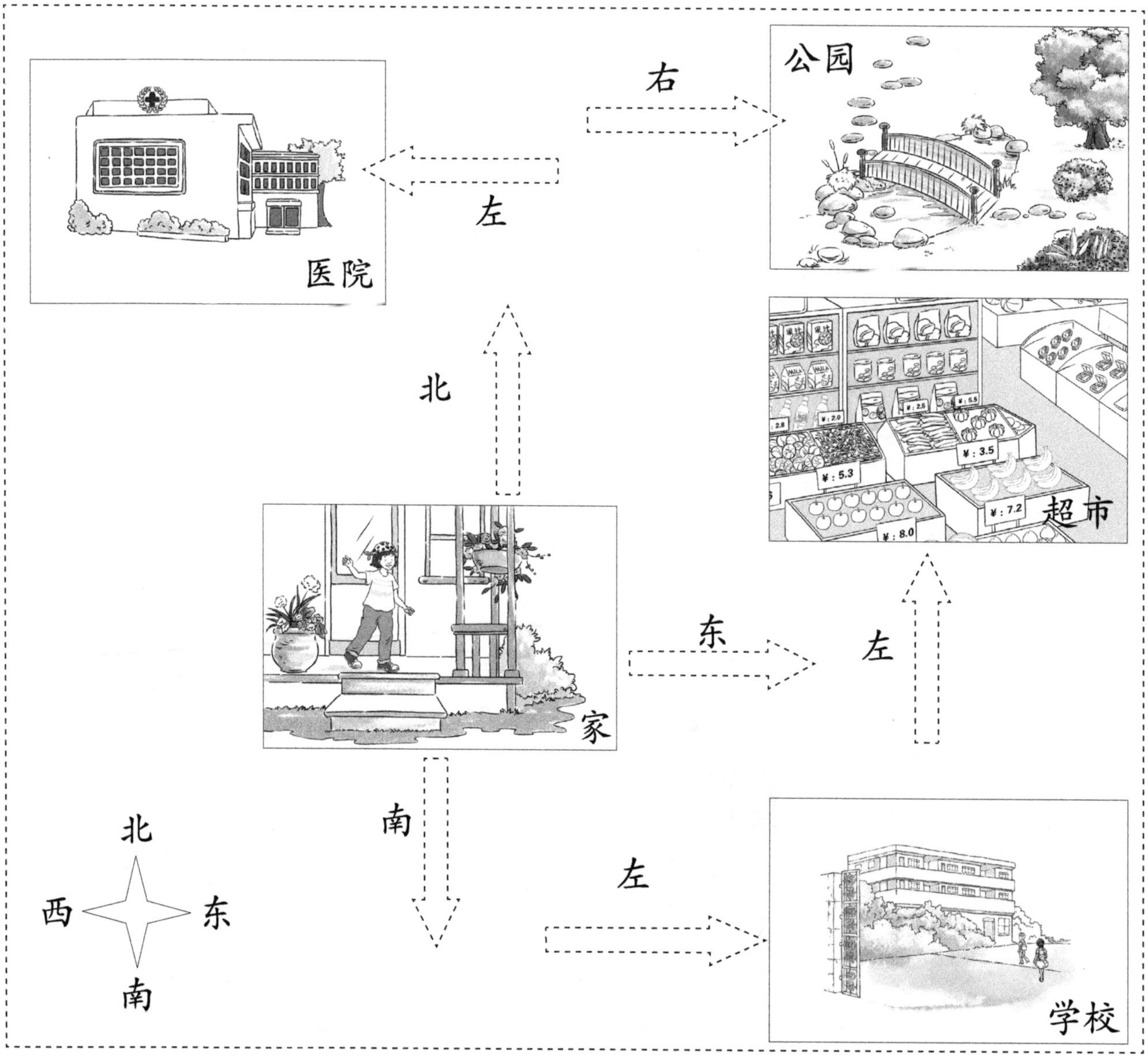

有的熊猫一直睡觉。
Some pandas slept all the time.

14

6 说一说，演一演。Talk and act.

小美的朋友要去小美家。他在公园那里，不知道怎么去小美家。两人一组表演，一人扮演小美的朋友问路，一人扮演小美的邻居指路。Xiaomei's friend is going to Xiaomei's house. Right now, he is in the park, but he doesn't know how to get to Xiaomei's house. Work in pairs. One student acts as Xiaomei's friend, while the other one acts as Xiaomei's neighbor who gives directions.

Nǐ hǎo, dǎrǎo yíxià, qǐng wèn qù Xiǎoměi jiā zěnme zǒu?
你好，打扰一下，请问去小美家怎么走？

Wǎng ____ zǒu, xiàng ____ guǎi, jiù dào le.
往 ____ 走，向 ____ 拐，就到了。

Xièxie nǐ! Zàijiàn!
谢谢你！再见！

Bú kèqi, zàijiàn!
不客气，再见！

77

7 画一画，写一写。Draw and write.

学习要结束了，给你最好的同学和老师做个告别卡片，写上你最想说的话。Our study time together has come to an end. Make a farewell card to give to your best classmate and teacher. Write down what you want to say.

参考答案 Answers

第1课　我属猴。

❶ (1) 信封　(2) 勇敢　(3) 春节
(4) 猴子

第2课　他数学好极了。

❸ 学(8)　这(7)　买(6)　口(3)　问(6)
走(7)　后(6)　天(4)　看(9)

(2) 学+问+天=8+6+4=18
(3) 这+走−后=7+7−6=8
(4) 看−买−口=9−6−3=0
(5) 问−天+走=6−4+7=9

❹ 4=我　6=极　10=汉
11=哥　9=了　8=语
1=姐　5=体　7=数
2=好　3=育　12=学

(1) 我数学好极了。
(2) 我哥哥体育好极了。
(3) 我姐姐汉语好极了。

第4课　你打扫一下房间好吗?

❶ yī　第一　星期一
yí　一个　一下　一共　一岁
yì　一天　一斤　一起　一边
　　一点儿　一年

❺ (1) D　(2) A　(3) F　(4) C　(5) B
(6) E

第5课　你太马虎了!

❺ (1) 直　(2) 真　(3) 的　(4) 得
(5) 地　(6) 北　(7) 比

❻ (1) 就　(2) 才　(3) 就　(4) 才
(5) 就

第7课　他们不是双胞胎。

❶ (1) hái　(2) huán　(3) dì　(4) de
(5) xiàng　(6) xiāng　(7) zhe
(8) zháo

79

第8课　小鱼被小猫吃了。

4 (1) ×　(2) ×　(3) √　(4) √　(5) ×

6 (1) 爸爸把报纸放在桌子上了。

　　　报纸被爷爷拿走了。

　(2) 弟弟把杯子打破了。

　　　弟弟被妈妈批评了。

第11课　我用帽子换你的盘子。

1 (1) 老　(2) 敢　(3) 花　(4) 合适

3 (1) 旧——新　　凉快——暖和

　　　贵——便宜　忘记——记得

　(2) 批评——表扬　生气——高兴

　　　马虎——认真　讨厌——喜欢

5 (1) 三年　(2) 五个月

　(3) 三个星期　(4) 六天

　(5) 三个小时　(6) 四十分钟

第12课　以后要注意。

1 (1) 最近　(2) 出发

　(3) 大海　(4) 记住

第14课　有的熊猫一直睡觉。

1 爸爸　姐姐　竹子　知识　好东西

5 超市、医院、公园、学校

剪贴页
Cut and paste

第1课　P4

yòu piàoliang yòu shūfu 又 漂亮 又 舒服	yòu gāo yòu shuài 又 高 又 帅	yòu piàoliang yòu hǎochī 又 漂亮 又 好吃
yòu piányi yòu hǎochī 又 便宜 又 好吃	yòu cōngming yòu kě'ài 又 聪明 又 可爱	

第2课　P13

Gōnggòng qìchē zhàn hěn yuǎn, nǐ wǔ fēnzhōng néng zǒudào ma? 公共 汽车 站 很 远，你 5 分钟 能 走到 吗？	Wǒ jīntiān hěn è, néng chīwán. 我 今天 很 饿，能 吃完。
Jīntiān de gōngfu kè hěn nán, nǐ míngtiān néng liàn(xí) hǎo ma? 今天 的 功夫 课 很 难，你 明天 能 练(习)好 吗？	Wǒ néng kàndǒng. 我 能 看懂。
Zhège wèntí hěn nán, nǐ néng jiǎng míngbai ma? 这个 问题 很 难，你 能 讲 明白 吗？	Wǒ zǒu de hěn kuài, néng zǒudào. 我 走 得 很 快，能 走到。
Nàxiē Hànzì, nǐ néng kàndǒng ma? 那些 汉字，你 能 看懂 吗？	Wǒ néng liàn(xí) hǎo. 我 能 练(习)好。
Zhème duō bāozi, nǐ néng chīwán ma? 这么 多 包子，你 能 吃完 吗？	Wǒ néng jiǎng míngbai. 我 能 讲 明白。

第3课　P16

第3课　P17

chīfàn 吃饭	shuāyá 刷牙	shuìjiào 睡觉	xǐzǎo 洗澡	yóuyǒng 游泳	tiàowǔ 跳舞	kāi chē 开车
xiě 写 zuò 作 yè 业	kàn 看 diàn 电 yǐng 影	dǎ 打 diàn 电 huà 话	zuò 做 dàn 蛋 gāo 糕	chī 吃 xī 西 guā 瓜	hē 喝 bīng 冰 shuǐ 水	dǎ 打 wǎng 网 qiú 球

剪贴页
Cut and paste

第7课　P39

Suīrán hěn piàoliang, 虽然很漂亮，	dànshì kěyǐ kàn xióngmāo. 但是可以看熊猫。
Suīrán bù hǎokàn, 虽然不好看，	dànshì hěn yǒu yìsi. 但是很有意思。
Suīrán dōu shì Hànyǔ, 虽然都是汉语，	dànshì hěn hǎochī. 但是很好吃。
Suīrán hěn yuǎn, 虽然很远，	dànshì wǒ dōu kàndǒng le. 但是我都看懂了。
Suīrán hěn lèi, 虽然很累，	dànshì chuān qǐlai bú tài shūfu. 但是穿起来不太舒服。

第8课　P44

Dàjiā dōu fēicháng xǐhuan wán zhè zhǒng yóuxì.
大家都非常喜欢玩这种游戏。

Nǎinai tèbié xǐhuan chuān zhè zhǒng yīfu.
奶奶特别喜欢穿这种衣服。

Zhè zhǒng bīngjīlíng hǎochī jíle.
这种冰激凌好吃极了。

Zhè zhǒng dàngāo bú tài hǎochī.
这种蛋糕不太好吃。

Wǒ bù tài xǐhuan kàn zhè zhǒng jiémù.
我不太喜欢看这种节目。

第9课　P49

Gōnggòng qìchē zhàn hěn yuǎn, nǐ wǔ fēnzhōng zǒu de dào ma? 公共汽车站很远，你5分钟走得到吗？	Hái kěyǐ, wǒ tīng de jiàn. 还可以，我听得见。
Nàge páizi shang de zì nǐ kàn de jiàn ma? 那个牌子上的字你看得见吗？	Bú tài nán, wǒ kàn de dǒng. 不太难，我看得懂。
Shēngyīn zhème xiǎo, nǐ tīng de jiàn ma? 声音这么小，你听得见吗？	Wǒ zǒu de hěn kuài, zǒu de dào. 我走得很快，走得到。
Zhège gùshi shì Hànyǔ de, nǐ kàn de dǒng ma? 这个故事是汉语的，你看得懂吗？	Wǒ xiànzài bú è, chī bu wán. 我现在不饿，吃不完。
Zhème duō jiǎozi, nǐ chī de wán ma? 这么多饺子，你吃得完吗？	Tài yuǎn le, wǒ kàn bu jiàn. 太远了，我看不见。

第11课　P60

剪贴页
Cut and paste

参考句子

1	熊猫多可爱啊！
2	他跑得多快啊！
3	他长得多高啊！
4	这条裙子多漂亮啊！
5	这双鞋多便宜啊！
6	这个蛋糕够贵的！
7	今天的考试够难的！
8	这个动物园够远的！
9	你真够马虎的！

第12课　P65

Bú yào cóng zhèli xiàng xià tiào.
不要从这里向下跳。

Bú yào dà shēng shuōhuà.
不要大声说话。

Bú yào zài zhèli yóuyǒng.
不要在这里游泳。

Bú yào zài zhèli zhàoxiàng.
不要在这里照相。

Bú yào zài zhèli zuò yóuxì.
不要在这里做游戏。

第13课　P70

  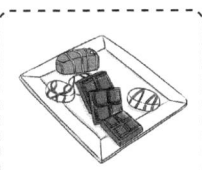  

   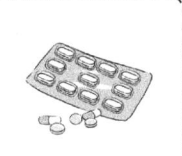 

郑重声明

高等教育出版社依法对本书享有专有出版权。任何未经许可的复制、销售行为均违反《中华人民共和国著作权法》，其行为人将承担相应的民事责任和行政责任；构成犯罪的，将被依法追究刑事责任。为了维护市场秩序，保护读者的合法权益，避免读者误用盗版书造成不良后果，我社将配合行政执法部门和司法机关对违法犯罪的单位和个人进行严厉打击。社会各界人士如发现上述侵权行为，希望及时举报，本社将奖励举报有功人员。

反盗版举报电话 （010）58581999 58582371 58582488

反盗版举报传真 （010）82086060

反盗版举报邮箱 dd@hep.com.cn

通信地址 北京市西城区德外大街4号 高等教育出版社法律事务与版权管理部

邮政编码 100120

图书在版编目（CIP）数据

YCT标准教程·活动手册.6 / 苏英霞主编; 宋海燕,
金飞飞编. -- 北京：高等教育出版社, 2018.6（2022.7重印）
ISBN 978-7-04-048611-7

Ⅰ.①Y… Ⅱ.①苏… ②宋… ③金… Ⅲ.①汉语-
对外汉语教学-水平考试-教学参考资料 Ⅳ.①H195.4

中国版本图书馆CIP数据核字（2018）第007800号

| 策划编辑 | 梁 宇 | 责任编辑 | 李 玮 | 封面设计 | 冰河文化 | 版式设计 | 冰河文化 |
| 插图绘制 | 冰河文化 | 责任校对 | 盛梦晗 | 责任印制 | 赵 振 | | |

出版发行	高等教育出版社	网　　址	http://www.hep.edu.cn
社　　址	北京市西城区德外大街4号		http://www.hep.com.cn
邮政编码	100120	网上订购	http://www.hepmall.com.cn
印　　刷	天津鑫丰华印务有限公司		http://www.hepmall.com
开　　本	889mm×1194mm 1/16		http://www.hepmall.cn
印　　张	6		
字　　数	100千字	版　　次	2018年6月第1版
购书热线	010-58581118	印　　次	2022年7月第5次印刷
咨询电话	400-810-0598	定　　价	40.00元

本书如有缺页、倒页、脱页等质量问题，请到所购图书销售部门联系调换
版权所有　侵权必究
物　料　号　48611-00